मीडिया प्रबन्धन के सांस्कृतिक आयाम

मीडिया प्रबन्धन के सांस्कृतिक आयाम

डॉ. टी.डी.एस. आलोक

वाणी प्रकाशन

वाणी प्रकाशन

4695, 21-ए, दरियागंज, नयी दिल्ली 110 002

शाखा

अशोक राजपथ, पटना 800 004

फ़ोनः +91 11 23273167 फ़ैक्सः +91 11 23275710

www.vaniprakashan.in
vaniprakashan@gmail.com

MEDIA PRABANDHAN KE SANSKRITIK AAYAM
by Dr. T.D.S. Alok

ISBN : 978-93-5072-388-3
Media

प्रथम संस्करण

मूल्य : ₹ 200

हर्ष प्रिंटर्स, दिल्ली-110 093 में मुद्रित

वाणी प्रकाशन का लोगो मक़बूल फ़िदा हुसेन की कूची से

समर्पण

मनीषी पत्रकार, सम्पादक एवं संसदविद् स्व. डॉ. विद्यानिवास मिश्र जी को, जिनके आशीष को एक अमूल्य पूँजी की भाँति मैं सँजोये रखे हूँ और बिटिया अनिहा आलोक को भी समर्पित इस कामना के साथ कि वह बड़े आश्वस्त भाव से अपने उज्ज्वल भविष्य की ओर अग्रसर रहेगी।

प्राक्कथन

सच्ची पत्रकारिता अपने समय की ऐसी वास्तविकता होती है, जो यथार्थ और आदर्श, एवम् मान और मान्यताओं में समन्वय बिठाती हुई अपने युगधर्म का निष्ठापूर्वक निर्वाह करती है। सत्य संधान और सम्प्रेषण पत्रकारिता का स्वाभाविक धर्म है। युगधर्म का निर्वाह आसान नहीं; यह अग्निपथ पर चलने-जैसा अथवा आसिधार व्रत के समान है। यथार्थ के सन्दर्भों में आदर्श का विनिवेश और मूल्यों के भूमिपात की अवस्था में परम्पराओं की प्रतिष्ठा दो ध्रुवान्त सत्यों में तालमेल बिठाने जैसा है। युगसत्य की साहसपूर्वक रक्षा, पत्रकारिता की वांछित परिणति है। इन्हीं महनीय मूल्यों से ओत-प्रोत सत्य का उद्घाटन 'मीडिया प्रबन्धन के सांस्कृतिक आयाम' पुस्तक का मूल तथ्य है। इस बहुआयामी पत्रकारिता का आज संक्रान्तिकाल है। पुस्तक का मूल कथ्य यही है कि पत्रकारिता चिन्तन, मनन, रूपान्तरण, नवीनीकरण, बाजारवाद, वैश्वीकरण एवं विसंस्कृतिकरण के अनेक प्रकारान्तरणों से गुजर रही है अब उसका, लक्ष्य प्रसार के साथ प्रतिपल वरित प्रसार हो रहा है। यह अपने स्थानीय प्रकल्प के साथ अब पारदेशीय परिकल्पों से जुड़ गई है। पत्रकारिता अब प्रतिदिन पूरी दुनिया की खबर रखती हुई, पूरे जहान की खबर लेती है।

अब यह 'सेटेलाइट' से जुड़ कर, भूमंडलीकरण, खगोलीकरण उदारीकरण, निजीकरण का हिस्सा बनकर, फ्लॉपी, हार्डडिस्क, माउस, सॉफ्टवेयर, हार्डवेयर, कम्प्यूटर, मेमोरी, वायरस, स्कैनिंग, ईमेल, इंटरनेट, वेबसाइट, वेब पेज, होम पेज, साइबर स्पेस, बैंड विड्थ आदि अनेक आधुनिक/अत्याधुनिक शब्द सम्पदा से सम्पन्न होकर रोजमर्रा जीवन की उपयोगी वस्तु बन गई है। आज, प्रिंट मीडिया और इलेक्ट्रॉनिक मीडिया ने दुनिया की ज्ञानराशि पर अधिकार कर लिया है। आज शब्द संसार अभिव्यक्ति के लिए इन दोनों माध्यमों पर निर्भर ही नहीं अपितु, इनका मुखापेक्षी है। इसी प्रकार कैम्स, पेपर कोन, सेल/सेलुलर/मोबाइल फोन, स्पीड पोस्ट, एस. एम. एस. कुरियर सेवा तथा सी. डी. (कम्पैक्ट डिस्क) आदि ने सूचना

प्रौद्योगिकी में क्रान्ति ला दी है। परन्तु इस पर तुर्रा यह कि इस सबसे, मीडिया में जहाँ हर ओर तीव्रगति से कार्यक्षमता और कार्य निष्पादकता बढ़ी है वहीं दूसरी ओर उपग्रह टी.वी. चैनलों से हमारी भारतीयता प्रभावित हुई है।

ये पारदेशीय उपग्रह टी. वी. चैनल, आज आपके बेडरूमों में घुस आए हैं। इन्होंने आपकी प्राइवेसी आपके एकान्त के क्षणों को विचलित/बेचैन किया है। फिर इन 'चैनलों से परोसी जा रही सामग्री, हमारी संस्कृति, आचार-विचारों, स्तर-मूल्यों एवं स्वभाव-संस्कारों के विपरीत है। परन्तु कुछ नया, देखने के परिणामस्वरूप यह सब विकृत और विरूप भी हम देखने को विवश है।

हमारे भारतीय चैनल भी, उन्हीं के अनुसरण में वही सब कुछ दिखा रहे हैं जो वे प्रसारित कर रहे हैं। प्रिंट मीडिया, मनोरंजन के नाम पर, नग्नता/अर्द्धनग्नता छाप रहा है। जब तक दो-चार 'बलात्कारी' घटनाएँ न हों तब तक पत्रकारिता की इतिकर्त्तव्यता ही पूरी नहीं होती। सर्वत्र, एक अन्धा विवेक पसरशील है। सम्पादक, गांधारी पट्टी बाँध कर वेतन मोह में धृतराष्ट्री भूमिका निभा रहे है। श्लीलता-अश्लीलता, फूहड़ता-शालीनता, शिष्टता-अशिष्टता में कोई अन्तर नहीं। सब कुछ के लिए एक ही आँख और सबके लिए एक ही 'सोटा' हाँकते जा रहे। कहीं कोई नैतिकता, संस्कारवत्ता, मूल्यवत्ता अथवा किसी दायित्व का ध्यान नहीं। एक पहले दर्जे का फूहड़पन और विकृत मानसिकता निर्लिप्त मुद्रा में ठठाकर दाँत निकाल रही है।

आज मीडिया जितना स्वतन्त्र हुआ है वह उतना ही दुःसाहस पूर्ण और लापरवाह भी हुआ है। भारतीय परम्पराओं संस्कृति और सभ्यता से नाता/प्रेम रखने वाले सभी इस विदेशी टी. वी. हमले से चिन्तित हैं। आज कोई भी विचारशील, सुसंस्कृत व्यक्ति, नूतन और नई खोजों के नाम पर बलात्कार, हत्या, लूट, और तरह-तरह के मनुष्यता को ठगने और कलंकित करने के तरीकों को देख कर हैरान है। आज पश्चिम की संस्कृति हमारे कच्ची मानसिकता वाले किशोरों को भीषण रूप से प्रभावित कर रही है। लगभग सभी प्रसारण हमारे अल्प वयस्कों में हेराफेरी, डकैती, मारधाड़, एवं तमाम तरह के उपकर्मो, में दीक्षित कर रहे हैं। आज आदर और प्रेम/स्नेह के रिश्तों में आनन्द और खटास, हमारे अवतार पुरुषों का अपमान, हमारी परम्पराओं में खोट और हमारे संस्कारों का उपहास, सब इस विदेशी सभ्यता/संस्कृति के कारण है। हमारे मीडिया को, आज जिस विवेक, कर्त्तव्यपरायणता और तटस्थता की आवश्यकता है वह, इससे नदारद है। आज, हमारा प्रत्येक चैनल, अधिकाधिक मॉडर्न और अधुनातन होने के चक्कर में तथा अधिक से अधिक 'टैरिफ' कमाने के

लालच में, दिन-प्रतिदिन, दायित्वहीन सोचविहीन तथा संयमहीन होता जा रहा है। फलतः इस दयनीय स्थिति पर गम्भीर चिन्तन की आवश्यकता है ताकि इस दिन-दिन गिरती जा रही साख को बचाया जा सके।

स्वस्थ पत्रकारिता का कर्त्तव्य है, समाज को सूचना, सम्पन्न बनाना, अच्छे-बुरे में फर्क करके सत् की ओर प्रेरित करना भाईचारे बढ़ाने/बनाने में सहयोग करना, जातियों, सम्प्रदायों एवं वर्गों में समता स्थापित करने में उद्योग करना, देश/विदेश की संस्कृति/सभ्यता को समय-समय पर प्रकाशित करना तथा नैतिकता, मूल्यवत्ता, गुणवत्ता तथा आनन्द ममता को बढ़ावा देना।

हमारे प्राचीन साहित्य के दो शब्दों, पाप-और पुण्य ने जो महान् कार्य कर दिखाया है वह आज हर किसी महानुभाव, किसी, सम्प्रदाय, किसी वर्ग और किसी सुधार/प्रचारक तथा प्रबन्धक/प्रशासक ने नहीं किया। किसी पुण्यात्मा ऋषि ने ही इनका आविष्कार किया वह शतशः धन्यवाद और प्रणतियों का पात्र है। समाज, समुदायों, वर्गों, राष्ट्रों अथवा जन जनसमूहों, में अपकर्म/निन्धकर्म/जघन्य कर्म से रोकने का काम 'शब्द ने किया उतना काम तो आज तक सारी दुनिया की पुलिस फोर्स ने मिलकर नहीं किया होगा। पुण्य मिलने के लालच और अभिलाषा ने, जितने असंख्य लोगों को सत्कर्म करने, अच्छे कर्म करने की प्रेरणा/उत्साह दिया, उतना कार्य किसी धर्मोपदेशक, किसी विश्वविजयी सम्राट, अथवा नियम/कानून ने नहीं किया/पाप-पुण्य की इस भावना और इनकी शक्ति को समझने के लिए नैतिकता आध्यात्मिकता का बल चाहिए। एक नीतिसम्पन्न, एवं धार्मिक/आध्यात्मिक व्यक्ति ही स्वयं में, पाप-पुण्य की बुराई-अच्छाई में अन्तर की भावना को विकसित कर सकता है। यह सन्देश इस पुस्तक का आधार बिन्दु है।

रसो वै कि वह रस ही आनन्द है। अतः आनन्द हेतु व्यक्ति को, मन, बुद्धि, कर्म एवं रजस, तमस और सत् में समन्वय करना होगा, अन्यथा, एक की विच्छित्ति भी आनन्द को खण्डित कर देगी। आज, जो व्यक्ति इन उपर्युक्त तीनों में तालमेल बिठा लेता है वह एक अच्छा शासक, प्रशासक अथवा प्रबन्धक है। प्रबन्धक को व्यवस्था में, समता, समदृष्टि तथा एकरूपता ही तो स्थापित करनी है। मीडिया प्रबन्धन भी सामान्य प्रबन्धन का एक प्रकार ही तो है। मीडिया में, उद्देश्य/लक्ष्य, कर्म, सम्प्रेषण और व्यक्ति-समाज, और लोकेषणा और धर्मेषण में तालमेल बिठाना है।

आध्यात्मिक जीवन एक निःस्पृह, निरीह, निष्कपट कर्त्तव्यनिष्ठ तथा किसी ईश्वरीय सत्ता के अनुशासन में होता है। आध्यात्मिकता एक विराट दृष्टि है। आत्मा

के स्तर से ऊपर के स्तर का जीवन और दर्शन है, अध्यात्म। इसका एक रूप आत्मवाद है। आत्मवादी अन्य जीवों/प्राणियों में अपने ही जैसी आत्मा का आभास/प्रतीति पाता है। आत्मवत् सर्वभूतेषु उसका मुख्य सूत्र है। आध्यात्मिक, आत्मज्ञानी है और आत्मज्ञानी, एक विराट चेतना में रहकर, इस विश्व/जगत के प्राणियों के साथ अपना होकर/अपना वन कर रहता है। यह समत्व सयादिनी, दृष्टि यही है। समता, समरसता, और समवर्तिता यही है। हमारे दर्शनों में, समरसता में ही आनन्द की प्रतीति कही गई है। डॉ. टी. डी. एस आलोक यह दावा सही है कि मीडिया प्रबन्धन महनीय श्रम को महत्व देता हुआ, सुधार, विकास की सतत जागरूक प्रक्रिया है। वहीं सृजनात्मकता, उद्यमशीलता, कल्पनाशीलता को अपने उद्योग का हिस्सा बनाती है। वह सत्य, शिव और सुन्दर में समन्वय भी करता है। वह सत्य जन, समुदाय, समाज, और राष्ट्र को एक सर्व हितकारी भावना से बाँधता है। परन्तु भारतीय सन्दर्भ में मीडिया प्रबन्धन की दशा, दयनीय और दिशा भ्रमित हो गई है। सूचना प्रौद्योगिकी, प्रश्नों के घेरे में है। वहीं एक से बढ़कर एक, शक्तियों संशयों कैम्टस उभर रहे हैं। जनता, के हित की बात करने वाला माध्यम, आज जनता की कचहरी में किंकर्त्तव्य विमूढ़-सा खड़ा है। महाकवि प्रसाद ने अपने महाकाव्य कामायनी के आनन्द सर्ग में लिखा है कि जब मनु, श्रद्धा, आदि समरस एकरस इसमें निमग्न हो गए तो वे परम-सुख-परम आनन्द की दशा में आ गए–

समरस थे जड़ या चेतन,
सुन्दर साकार बना था,
चेतनता एक विलसती,
आनन्द आखण्ड घना था।

यह अखण्ड आनन्द, यह घना-आनन्द समरसबुद्धि, समतामयी दृष्टि से ही उपजता है।

हमारे उपनिषदों ने, इसे, आनन्द कहा है। वैसे भी मीडिया में, आज साहित्य के लिए बहुत अल्प अवकाश रह गया है। बढ़ती व्यापारिक मनोवृत्ति ने बाजारवाद को भी बढ़ावा दिया है। साहित्य, संस्कृति परम्पराएँ, कलाएँ बीती बातें हो गईं/हो रही है। कार्यक्रम के अन्दर, कार्यक्रम के अधिक समय जितनी धनकमाऊ 'ऐड' तो चल सकती है पर इतने समय के लिए कोई साहित्यिक, सांस्कृतिक कार्यक्रम नहीं बन/चल सकता।

फिर खबरों का सिलसिला देखें तो, घोर ऊबाऊ। यदि एक मरी हुई चींटी की पूंछ मिल जाए तो शहर का सारा पुलिस महकमा और यदि कोई माँग उठ खड़ी हुई

तो सी. बी. आई तक तहकीकात में जुट जाएंगे। एक ही खबर 'ब्रेक न्यूज (ताजा खबर) के नाम पर सुबह से शाम तक परोसी जाती है। मुख्य कार्यक्रम केवल घटिया बेसुरा-बेसरा गाना बन कर रह जाता है।

कार्यक्रमों की भाषा पर बात करें, तो, दोहरे घटिया/अश्लील अर्थों वाले शब्दों/वाक्यों का प्रयोग, एक बेशर्मी की हद तक हो रहा है। यदि गीतों की भाषा पर विचार करें तो कक्षा के बच्चों की वाक्य योजना/हिन्दी की तो तासीर ही बिगाड़ दी है इन अंग्रेजी दां विद्वानों ने। हिन्दी में जानबूझ कर अंग्रेजी शब्दों का प्रयोग और तिस पर साजिश यह कि उसे रोमन में लिखना/क्या ये सब प्रबन्धन-तर्क माल बेचने का नाम ही है?

किन्तु अपने प्रबन्धन की गाथा, जी हजूरी की कथा, समर्पण/प्रत्यर्पण की मजबूरी, पगार के लोभ और अन्य चैनलों की होड़ा-होड़ी, नया होने, प्रथम रहने की शीघ्रता के कारण, लोक गाथाओं जैसी हो गई है। अब, पत्रिकाओं, पत्रों एवं न्यूज चैनलों के सम्पादक किसी न किसी, विवशता अज्ञता, अल्पज्ञता अथवा पद के आकर्षण एवं ग्लैमर के कारण कर्त्तव्य से विमुख हैं। वे, अपने मालिकों, आकाओं, महाजनों के आदेश के मोहताज हैं। 'स्वतन्त्रःकर्ता' वाली उनकी भूमिका ही नदारद है। और मैं कहूँ कि भूमिका नहीं अपितु, सम्पादक पद ही विलुप्त है तो भी अतिश्योक्ति नहीं है। पहले, सर्वशक्तिमान सम्पादक के मुकाबले आज का सम्पादक एक बेचारा कर्मचारी है।

आज का मीडिया, नकारात्मक सोच और ऊर्जा को उत्सारित कर रहा है। एक दिशा जनक सोच का वहाँ अभाव है। विषयों, भाषा, व्यवहार और प्रस्तुति सब में एक लापरवाही व्याप्त है। धोखा, हत्या डकैती, बलात्कार, अश्लीलता, मक्कारी, धूर्त्तता तथा चालाकी के विषयों से युक्त मीडिया भाषा की असंख्य भूलों शब्दों, वाक्यों विशेषणों, वर्तनी की अशुद्धियों से युक्त एक निराशा-जनक वातावरण का निर्माण कर रही है। मीडिया, जिसे साहित्य का संगी कहा जाता था आज साहित्य का प्रतिद्वन्द्वी तथा विरोधी लगता है।

अतः इस सारी प्रस्तावना की मूलभावना पर विचार करें तो आज मीडिया (प्रिंट और इलेक्ट्रानिक) को भारतीय परिप्रेक्ष्यों में, अपना एक स्तर बनाने की आवश्यकता है। उसे इस नकली साम्राज्यवाद से स्वयं को अलग करना होगा। उसे भारतीयता के अनुरूप स्वयं को ढालना/निर्मित करना होगा। उसे पुनः सत्य, शिव और सुन्दर को प्राणदान देना होगा। उसे, वर्गभेद, जातिभेद, सम्प्रदायभेद, बेकारी, बेरोजगारी, अशिक्षा, अपसंस्कृति को वर्णित करके, गिरती मानवीय गरिमा तथा उच्च मूल्यवत्ता

को संस्थापित करना होगा।

परन्तु यह काम होगा तभी जब व्यक्ति आध्यात्मिक होगा। आज इसी सन्दर्भ में आध्यात्मिक पत्रकारिता की चर्चा, चिन्तन के वृत्त में है। आध्यात्मिक व्यक्तित्व, जैसा कि पहले भी कहा है, सबको, ईश्वर की सृष्टि का पात्र मानकर, स्वयं और अन्य में भेद न मान कर बरतता है। वह अयम निजः परोवेति, की लघुभावना से दूर होता है। भारतीय संस्कृति भौतिकता और आध्यात्मिकता दोनों को महत्व देती है। वह देह के साथ आत्मा की वाहिका है। भारतीय पत्रकारिता, खास कर हिन्दी पत्रकारिता एवं मीडिया आध्यात्मिकता के पुट से ही संपुष्ट होगा। इसी मूल सोच पर केन्द्रित डॉ. टी. डी. एस आलोक की इस पुस्तक का सुधी पाठक खुले दिल से अध्ययन एवं अनुशीलन करेंगे ऐसा मेरा विश्वास है।

प्रोफेसर ओम् प्रकाश सारस्वत
जी-6, नॉल्सवुड
कॉलोनी, शिमला नगर
मो. 09418054054

आत्म कथ्य

मीडिया को सही दिशा एवं दशा मिले, ताकि सच्चरित्र व्यक्तित्व के सम्बल से; मीडिया कर्मी सही अर्थों में समाज, राष्ट्र एवं मानवता का सद् प्रेरक नायक बन सके।

मीडिया से जुड़ा हर रचनात्मक उद्योग संवेदना सिक्त विचारों का, रचनाधर्मी कर्म है। मीडिया का एक-एक शब्द व्यक्ति के लिए दिशा निर्धारक महान् गुरु की वाणी एवं तप का पर्याय हो सकता है। जीवन को पूर्ण तथा समाज उपयोगी बनाने के दायित्व वहन की दृष्टि से मीडिया के शिक्षाप्रद, संस्कारोन्मुख विचार एवं भाव फलप्रद ही होने चाहिए।

संसद और हमारे विधान मण्डल के विचारोत्तेजक सत्रों से हम दिशा प्राप्त कर सकते थे। इसीलिए सांसद और विधायकों को देश, अपने आदर्श नायक की भाँति मानता रहा है किन्तु संसद जिस तरह कोहराम मचाने का मंच बन कर रह गई है। इस चलन के रहते, देश चरित्रवान् कर्मशील और सच्चे नायकों की तलाश में भटक रहा है। प्रज्ञावान् बुद्धिजीवी, सच्चे कलाकार तपोपूत रचनाकार जिनमें मसिजीवी पत्रकार भी शामिल है, एक सच्चे नायक का कार्य बेहतर ढंग से कर सकते हैं। मीडिया के सत्रों का अवसान कभी नहीं होता, संसद व विधान सभा के सत्र जो एक निर्धारित अवधि तक चलते हैं, इन सत्रों में भी हमारे जन प्रतिनिधि प्रिंट मीडिया और इलेक्ट्रानिक माध्यम में प्रसारित "शब्द" को जब स्वर देते हैं तो मीडिया का प्रभावी पक्ष, हमारे समक्ष आता है और देश के जन-जन का यह विश्वास; प्रगाढ़ होता जा रहा है कि न्यायालय संसद और प्रशासन तन्त्र की तुलना में, मीडिया देश के लोकतन्त्र का मज़बूत स्तम्भ बना रह सकता है। अतः देश की आशा भरी नज़रों के लिए मीडिया, अपनी निष्पक्षता; विश्वसनीयता की मान्यता, परक सूचना के द्वारा; देश का हित सुनिश्चित करने में एक 'आशा की किरण' का कार्य कर सकता है। मीडिया की कोख से तपोपूत, परोपकार की चेतना से

ओतप्रोत विचारशील, संवेनदनशील व्यक्तित्व सम्पन्न पत्रकार व सम्पादक पैदा हों जिसके लिए मीडिया प्रबन्धन, निःसन्देह उच्च मान्यताओं से ही युक्त हो, तभी राष्ट्र को, मीडिया, अपनी कोख से; प्रज्ञावान, रचनाधर्मी मीडिया कर्मी का अवदान दे सकता है। देश के सच्चे नायक रचनाशील, विनयी राष्ट्र व मानवता प्रेमी प्रतिभाशील व्यक्तित्व ही हो सकते हैं। सद्प्रेरक एवं सच्चे नायकों का अभाव देश झेल रहा है। मानवीय विकास भौतिकवाद की चूहा दौड़ के समक्ष, छिटक कर रह गया है। गुदड़ी में छिपे "लाल" रचनाधर्मी सोच से ही उजागर हो सकते हैं। रचनाधर्मी सोच में जो सद्भावना के भाव और विचार प्रच्छन्न रहते हैं, उनके उजागर होते ही सद्भाव पूर्ण समाज की रचना भी हो पाती है। रचनाकार कुछ ऐसी मान्यताओं की रचना करें जिससे पाप समाप्त हो और पापी का हृदय परिवर्तन कुछ इस तरह हो कि फिर, किसी प्रकार के अनाचार को पोषण न मिल सके। यह पूज्य भाव और विचार, मीडिया के बेहतर प्रबन्धन पर ही परवान चढ़ सकते हैं। मीडिया व्यवसाय में प्रज्ञा पूर्ण प्रतिभाएँ ही आनी चाहिए ताकि सम्पादकीय संस्था मीडिया को, प्रखर आलोक, सहज सुलभ हो; और मीडिया के रचनाधर्मी भाव और विचार, समाज की कुरीतियों के अँधेरे को मिटाने में सक्षम हो सकें यह स्वस्थ मीडिया प्रबन्धन द्वारा ही सम्भव होगा। ठीक ही कहा राष्ट्र कवि ने कि

"कलम देश की बड़ी शक्ति है
भाव जगाने वाली
दिल ही नहीं
दिमागों में भी आग लगाने वाली।"

ऐसे रचनाकार पत्रकार जो यह घोषणा करते रहे हैं, विषम परिस्थितियों के मकड़जाल में उलझे रहने के बावजूद कि **तुम बन्दूक में गोलियाँ भले ही भरते हो,** पर हम कलम को स्याही में ही डुबोते रहेंगे ताकि समाज को, दिशा बोधक भाव-विचार सहज सुलभ हों, जिससे समाज के हर व्यक्ति के चेहरे पर मुस्कान अमिट रह सके। "नर से नारायण" बनने के आर्ष लक्ष्य को चुनने में हमारा लक्ष्य कदम, कंटकाकीर्ण दुर्गम पथ पर चलते हुए भी भटकाव के किसी मोड़ के रू-बरू न हो।

भले ही साहित्य को हाशिए पर धकेल दिया गया हो किन्तु पत्रकारिता साहित्यिक मान्यताओं के अभाव के रहते निष्प्राण है। साहित्य में सागर को गागर में समेटने की क्षमता रहती है और संवेदना विशेषकर मानवीय संवेदना के अन्दर साहित्य की ऊर्वर धरा ही प्रस्फुटित होती है।

पत्रकारिता शीघ्रता में लिखा गया साहित्य है किन्तु साहित्य से कहीं भी

विलग नहीं है। कविता जो साहित्य की सर्वोपरि विधा है, वास्तव में पत्रकारिता का ही पर्याय है। कविता आज के दौर में विस्मृत हो कर भी अभिव्यक्ति को पुष्ट करने के लिए मानस पटल पर छाई रहती है। अपने समय का दर्शन व दर्पण होती है कविता। कभी-कभी कविता में मन्त्र शक्ति का कालजयीपन व्याप्त हो जाता है और कविता के शब्द हर स्थिति में सार्थक बन जाते हैं। कविवर धूमल का यह कथन काल की सीमा में कहाँ बाँधा जा सकता है कि :

"हो गई पीर पर्वत सी
पिघलनी चाहिए
अब इस हिमालय से
कोई और गंगा निकलनी चाहिए।"

संसद व विधान सभा में भी अपनी अभिव्यक्ति को धार-धार बनाने के लिए साहित्य अनुरागी जन प्रतिनिधि, काव्यांश या शेरो-शायरी अवश्य करता है और अपने विचार बल्ले से ऐसा भावपूर्ण छक्का मार देता है कि प्रतिपक्ष का श्रोता भी पानी-पानी में होकर रह जाता है। पर क्रिकेट के दौर में साहित्यिक सम्मेलनों को हमने विसार के रख दिया है। क्रिकेट-दर्शन ने देश को अकर्मण्य बना के रख दिया है जबकि देश की हार-जीत के समाचारों को सुन कर ही क्रिकेट खेल का परिणाम देश के गौरव से हम जोड़ सकते थे। क्रिकेट के नायक देश का नेतृत्व उस तरह नहीं कर सकते, जिस तरह एक रचनाधर्मी साहित्यकार या पत्रकार देश का पथ प्रशस्त कर सकता है। क्रिकेट या अन्य उपलब्धियों का यशोगान करने के लिए भी हम कविता ही का सहारा अवश्य लेते हैं किन्तु आज के दौर में कविता जैसी सार्थक विधा से हमने मुख मोड़ लिया है। कविता क्योंकि पत्रकारिता का ही पर्याय है और इस विधा की पहुँच श्रोता दर्शक के दिल-दिमाग तक सीधी होती है कहा भी है जहाँ न पहुँचे रवि, वहाँ पहुँचे कवि।" काश! संवेदना की चेतना के जागरण के लिए देश में कवि सम्मेलनों, साहित्यिक विचार गोष्ठियों का बाहुल्य होता और हम देश के उन सच्चे नायकों का अनुसरण कर रहे होते जिनका "विचार व भाव-बल" उनकी कलम की नोक पर हमेशा उतरा रहता है। शायद यही इस मीडिया का वास्तविक परिचय भी है किन्तु मसिजीवी आज भी निर्धनता की बेड़ियों में जकड़ा हुआ है।

मीडिया प्रबन्धन की कोख से देश तथा मानवता के हित में सद्प्रेरक नायक पैदा होने में इस पुस्तक का एक भी सद्प्रेरक विचार यदि फलदायी सिद्ध हुआ तो पुस्तक प्रकाशन का संतोष लेखक व प्रकाशक दोनों के लिए वरदायक ही सिद्ध होगा।

–प्रोफेसर टी.डी.एस. आलोक

अनुक्रम

मीडिया प्रबन्धन का मूलमन्त्र	19
मीडिया प्रबन्धन के आधार सूत्र	27
मीडिया प्रवन्धन का प्राण तत्त्व	36
विदेशी मीडिया का आगमन एक प्रश्नचिह्न	42
सूचना की शक्ति सत्ता	56
लोक मीडिया लामण साहित्य में भाव शक्ति	59
लोक मीडिया लामण साहित्य में विचार वर्चस्व	64
लोकोन्मुख फोक मीडिया की अवहेलना कितनी न्यायसंगत	69
पत्रकारिता हमारा समाज और संस्कृति	73
पत्रकारिता का साहित्यिक एवं सांस्कृतिक महत्त्व	77
पत्रकारिता को दिशा : आध्यात्मिक पत्रकारिता से	80

मीडिया प्रबन्धन का मूलमन्त्र

मानवीय विकास में मीडिया की अहम भूमिका दर्ज हो

स्वतन्त्रता प्राप्ति के महान लक्ष्य के दृष्टिगत पत्रकारिता व्यवसाय न होकर मिशन था। इस मिशन के प्रति हर प्रकार की चुनौती स्वीकार्य थी। पर अब प्रलोभनों की आँच में आदर्शों का हिमालय पिघलने लगा है। पत्रकारिता मिशन से हटकर कौशल को अपनाने लगी है। कौशल ने व्यवसाय को महत्त्व देना शुरू किया और इस तरह पत्रकारिता का प्रबन्धन व्यावसायिक कौशल पर ही केन्द्रित हो गया। शब्द सम्पदा की बिक्री होने लगी। विचार भी, बाजारवाद की मुनाफाखोरी के प्रभाव से अछूता नहीं रहा। जबकि मीडिया की एक निर्णायक भूमिका होती है। मीडिया विचार मंथन का ही तो एक मंच है जिससे समाज का रूपान्तरण सम्भव होता है। नैतिक और सांस्कृतिक मूल्यों को पोषित करने में भी मीडिया की भूमिका सर्वोपरि रहती है।

मानवीय सोच को भी, मीडिया की प्रभावकारी शक्ति के द्वारा ही मुखर बनाया जा सकता है। मीडिया के क्षेत्र में सम्पादकीय दक्षता, विज्ञापन जुटाने के प्रयत्न, मीडिया को गति देने वाले अन्य विभागों की पूर्ण जानकारी और फिर उन सभी विभागों के प्रबन्धकीय कौशल का बोध अब नजरअन्दाज हो नहीं सकता। मीडिया कहीं भौतिक उपलब्धियाँ अर्जित करने का उपकरण बन कर न रह जाये बल्कि आत्मचिन्तन के लक्ष्य के परिप्रेक्ष्य में मीडिया मानवीय विकास में भी अपनी भूमिका दर्ज करे, इस दृष्टि से प्रबन्धन को नया आयाम देना समय की माँग है। भौतिक साधन जुटाने का ज्ञान भले ही बढ़ा है, पर आत्मचेता होने की जिज्ञासा अब शून्य हो गयी है। आत्म-निरीक्षण का उत्स, मीडिया कर्मियों ने अंगीकार किया ही नहीं, हाँ पर छिद्रान्वेषण मीडिया की प्राथमिकता बन गयी है। फिर आत्मचिन्तन या आत्म विकास कैसे सम्भव हो सकता है।

विचार सम्पदा जो शब्द ज्ञान तथा पुस्तकीय ज्ञान से अर्जित की जा सकती

है, उससे भी मीडिया जगत विमुख होने लगा है। 'बुरी खबर ही अच्छी खबर होती है' इस भ्रम में जीने वाले मीडियाकर्मी घटना प्रधान क्षणों का साक्षात्कार भले ही कर लें, पर दिव्य चेतना के जागरण की दिशा में उनका मन रमता ही नहीं। इस भटकाव के चलते भीतर का अपना पशुपन ही जब मिट नहीं पाता हो तो दूसरे के पशुपन को मिटाने की युक्ति मीडियाकर्मी कैसे सुझा सकते हैं। जबकि पशुपन को मिटा कर, मनुष्यत्व को जगाने वाली चेतना को जीवन्त बनाये रखने का मूल कर्म ही मीडिया प्रबन्धन का उत्स होना चाहिए। इसके लिए आत्म-निरीक्षण के सम्बल से पहले अपने दोषों का निरीक्षण-परीक्षण अत्यावश्यक होता है शायद तभी पत्रकारिता मनुष्यत्व को जगाने वाली शक्ति सत्ता अर्जित कर सकती है। इसी के द्वारा मीडिया की रपटें भोग लिप्सा को जागृत करने के विपरीत, आत्मबल को सुदृढ़ करने की रपटें देखने-सुनने तथा पढ़ने को सुलभ हो सकेंगी। देश की सामाजिक तथा राजनीतिक समस्याओं के निदान के सूत्र मीडिया की कलम की नोक से छिटकने लगे हैं। मीडिया जब तक राष्ट्रीय आवश्यकताओं से अलग-थलग रहेगा तो फिर मीडिया समाज का दिशाबोधक कैसे बन सकता है। इसीलिए आवश्यक है कि मीडिया प्रबन्धन के आधार सूत्र, देश की धार्मिक, सांस्कृतिक तथा राजनीतिक शक्ति से आबद्ध होने आवश्यक हैं। मीडिया प्रबन्धन के सिद्धान्तों में मीडियाकर्मियों के मन में, वाणी में तथा कर्म में सत्य का पूर्ण समावेश होना अनिवार्य है तभी आत्मा की वाणी हम समझ सकते हैं, और तदनुसार आगे चल सकते हैं।

मीडियाकर्मियों को इस बात का बोध हर पल बनाये रखना चाहिए कि जिस मातृ-पितृ कुल में उनका जन्म हुआ वह संसार मंच पर आने का एक बहाना भर था। अब तो मीडिया मंच पर भूमिका निभाने का उसका अहम दायित्व है। अतः मत भूलें कि इस मंच पर जन्म के लिए माँ सरस्वती की कोख हर मीडियाकर्मी को मिलती है और माँ सरस्वती की इस कोख को मीडियाकर्मी दूषित न करे, अपितु कृतज्ञ भाव से यह बोध बना रहे कि वे माँ सरस्वती की अमर सन्तान हैं। माँ सरस्वती की कोख से मीडिया के रचनाकारों को दूसरा जन्म मिलता है। अतः माँ सरस्वती की अराधना से, मीडियाकर्मियों को कभी विमुख नहीं होना चाहिए। माँ सरस्वती की आराधना सत्य का दीप जला करके ही सम्भव हो सकती है। सत्य का दीप, भीषण आंधियों में भी कभी बुझता नहीं अपितु उसकी ज्योति निरन्तर प्रदीप्त रहती है। सत्य जब मीडियाकर्मियों का सम्बल बना रहेगा तभी माँ सरस्वती के वे सच्चे सपूत कहलाने के अधिकारी बन सकते हैं। कितने कष्टों से युक्त तूफान

आ जाये या प्रलोभन के रूप में स्वयं लक्ष्मी माता अपना अकूत भण्डार लेकर उपस्थित हो जायें, पर माँ सरस्वती का वरद पुत्र कहलाने का सच्चा अधिकारी पत्रकार अथवा मीडियाकर्मी अपने उच्च आदर्शों से हटकर, पतन के गर्त में कभी नहीं गिरेगा, न ही अकूत सम्पदा का क्रीत दास बनना पसन्द करेगा। ऐसा मीडियाकर्मी निस्सन्देह अपने सिद्धान्तों में अडिग आस्था रखने वाला ही होगा। वह व्यक्ति से नहीं ईश्वरीय सत्ता से सदैव डरा रहेगा। राष्ट्र पिता महात्मा गाँधी ने ठीक कहा है, ''हम कोई टिकाऊ और सच्चा काम करना चाहते हैं तो निर्भयता उसकी सबसे बड़ी शर्त है। निर्भयता का गुण धार्मिक चेतना के बिना प्राप्त नहीं किया जा सकता। हम भगवान से डरना सीखें तो हमारा आदमी से डरना खत्म हो जाये। अगर हम इस तथ्य को समझ लें कि हमारे भीतर दिव्य अंश है और हम जो कुछ करते हैं या सोचते हैं, वह उसका साक्षी है और वही दिव्य अंश हमारी रक्षा करता है। हमें सच्ची राह बतलाता है तो यह बात बिलकुल साफ हो जाती है कि हम सिवाय भगवान के भय के धरती पर किसी अन्य भय को मानने से इनकार कर देंगे।''[1] ईश्वर से भयभीत होने का अर्थ भीरु होना नहीं अपितु और भी अभय हो जाना है। इस ईश्वरीय आस्था को किसी ने ठीक ही स्वर दिया है कि :

''तेरी राह में जो भटके
उसे गुमराह कहें कैसे''

भगवान से भयभीत होने का अर्थ है उसकी महान सत्ता से प्रीति और पाप कर्मों से जबरदस्त भीत्ति। ईश्वर से भयभीत होने का सीधा सा अर्थ उन तमाम उच्च मूल्यों को स्वीकार कर देना, जिन मूल्यों को जीवन में आत्मसात् करके हम ईश्वर के सान्निधय के सहज अधिकारी बन सकते हैं। स्वयं ईश्वरीय भाव हमारे व्यक्तित्व में ओतप्रोत हो सकता है, जो स्वयं को ईश्वर समझने लगता है वह तमाम पापों से मुक्त होकर शुद्ध-बुद्ध भाव से जगत-जन के हितों को सुनिश्चित करने का बीड़ा उठा लेता है। आत्मविकास का यह एक सुचिन्तित आधार भी है। प्रत्येक मीडियाकर्मी चाहे वह सम्पादक है, रिपोर्टर है या किसी भी सम्पादकीय दायित्व से जुड़ा है, ऐसे सम्पादकीय चिन्तन से जुड़े व्यक्ति को हृदय से मान लेना चाहिए कि वह इस पावन व्यवसाय में तभी आत्मसन्तुष्ट हो सकता है, जब वह भगवत्ता के उच्च पथ का पथिक बनने का संकल्प लेता है।

प्रत्येक संकल्प, तप और त्याग द्वारा ही फलीभूत होता है। तप और त्याग नितान्त एकांगी श्रम पर आश्रित होता है। व्यावहारिक जीवन में तप और त्यागपरक जीवन को जीने के लिए जिस साधना की आवश्यकता होती है वह

सार्वजनिक जीवन से हट कर होती है। समाज में रहते हुए यथार्थपरक जीवन जीना, आज के छद्म जीवन में अटपटा लगता है पर कटु सत्य यही है कि कठिन त्याग, तप पूर्ण जीवन जीने से ही समाज के उद्धार की भी पृष्ठभूमि निर्मित होती है और यह समस्त प्रक्रिया सरल और एकाग्रचित्त द्वारा ही सम्भव होती है।

मीडिया के प्रत्येक कर्मी को ऐसे व्यक्तित्व का स्वामी होना चाहिए जो अपने रचना कर्म से, कला-कौशल से मीडिया के स्वरूप को इस तरह निर्मित करें, जिससे जन कल्याण की भावना हर स्तर पर बलवती होती रहे। इस दृष्टि से मीडिया प्रबन्धन का समस्त कार्य एक शास्त्र की रचनाधर्मिता को निभाने के उच्च विवेक पर आश्रित होता है।

इलेक्ट्रॉनिक अथवा प्रिन्ट मीडिया दोनों समाज की नब्ज़ को टटोलने का एक ऐसा उपकरण हैं, जिससे समाज का सही स्वास्थ्य सुनिश्चित किया जा सकता है।

समाज में जीवन जीने के जो मूल्य बन रहे हैं, नयी पीढ़ी जिस तरह से दिग्भ्रमित होने लगी है और पारवारिक व्यवस्था का छिन्न-भिन्न रूप हम देख रहे हैं, उसके लिए मीडिया काफी हद तक जिम्मेदार है। कृत्रिम जीवन मूल्य जो यथार्थ से नितान्त कटे हुए हैं, उनकी निर्मिति में मीडिया का योग बेहद चिन्तनीय है, इसीलिए मीडिया प्रबन्धन को नयी दिशा मिलना अति आवश्यक है। पाठक और दर्शक की रुचि को बनाये रखना, संस्थान को भी पूरी तरह साधन-सम्पन्न बनाये रखना, प्रबन्धन का मूल मन्त्र कहला सकता है।

मीडिया भले ही विश्व समाज का सूचना देने या मनोरंजन का रस उपलब्ध कराता हो पर मीडिया का सर्वोपरि दायित्व समाज को सही शिक्षा देना भी है, "श्रद्धा, मेधा, प्रज्ञा, धन, आयु, अमरत्व प्राप्त करना, ये शिक्षा के उद्देश्य हैं।"[2] ये ऐसे उद्देश्य हैं जो हमारे शिक्षण संस्थानों में पढ़ रहे शिक्षार्थियों के तो उपादेय हैं ही, इनका महत्त्व मीडिया के उन समस्त कर्मियों के लिए भी है जो अपना दायित्व चाहे सम्पादक बनकर निभा रहे हों या एक सामान्य पत्रकार के रूप में। शिक्षा के इन उदात्त उद्देश्य को अंगीकार करने वाले पत्रकार ही समाज की वास्तविक सेवा कर सकते हैं और मीडिया इसीलिए शायद सेवाधर्म का सबसे कारगर हथियार माना जाता है। मीडिया के लिए मिशन से जुड़े रहने का पाठ भी इसीलिए बार-बार पढ़ाया जाता है और व्यावसायिकता से बचे रहने की सीख भी इसीलिए बार-बार दी जाती है।

मीडिया जगत में सम्पादक अपने आप में एक संस्था होता है। सम्पादक न केवल राजनीति और प्रशासन की गहरी समझ रखता है अपितु अपने सहयोगी

सम्पादकों जिनमें सह-सम्पादक, उप-सम्पादक, समाचार व विचार सम्पादक भी एक निष्ठावान सहयोगी के रूप में सम्पादक का पूरा साथ निभाते हैं। तभी सम्पादक अपनी प्रबल दक्षता के साथ मीडिया प्रबन्धन के क्षेत्र में ऐसे आयाम स्थापित कर सकता है, जिससे सम्पादक की विश्वसनीयता के बल पर समाज को सही दिशा मिल सके।

मीडिया जगत में सम्पादकों की संस्था को जिस ढंग से जर्जर करके रख दिया है, उसका मूल कारण सम्पादकों की सुविधा, भोग और सत्ता लिप्सा है। सम्पादक जो एक महान नायक बन कर अपने प्रखर विचारों से समाज में व्याप्त कुरीतियों के अन्धकार को मिटाता है, वही सम्पादक अब धन लिप्सा का पिछलग्गू बन कर रह गया है। आर्थिक आधार भले ही मीडिया की हर विधा के लिए एक मेरुदण्ड का काम करता हो, किन्तु धन लिप्सा ने सम्पादक की विचार सत्ता को पूर्णतः हथिया कर रख दिया है।

सम्पादक की सत्ता, उसके विचारशील होने से शक्ति अर्जित करती रही है इसीलिए सम्पादक बहुत बड़ा विद्वान एवं चिन्तक माना जाता था। आज सम्पादक एक प्रबन्ध सम्पादक के अतिरिक्त कुछ भी नहीं है। विद्या प्रेम से उसका नाता रह ही नहीं गया है। उसका प्रेम, यदि कहीं परवान चढ़ा है तो मात्र भारी-भरकम वेतन अर्जित करने तथा विचारों तक की चोरी से न हिचकिचाने पर केन्द्रित होकर रह गया है। इसलिए सम्पादक, सम्पादकीय तक अपने विवेक से न लिख कर चोरी करके मीडिया में परोसने लगे हैं, जिसके लिए सम्पादक अपना यशस्वी पद भी गँवा चुके हैं। कहाँ तो सम्पादक को माँ सरस्वती की पूजा-अर्चना में अपने को लय-लीन करना चाहिए था, किन्तु सम्पादक इसके विपरीत धन-सम्पदा को अत्यधिक अधिमान देने लगा है।

कितने सम्पादक हैं जो माँ सरस्वती के सच्चे आराधक कहलाने का दावा करते हों, महाकवि तुलसीदास भले रामचरितमानस में माँ सरस्वती के परम महत्त्व को समझाते हुए लिख गये हों, "वर्णानामर्थसंघानाम रसानाम छन्दसामपि। मंगलानाम च कर्त्तारौ बन्दे वाणी विनायकौ।" अर्थात् अक्षरों, अर्थ-समूहों, रसों, छन्दों और मंगलों की विधायिका सरस्वती और गणेश जी की वन्दना में महाकवि का मन शायद इसीलिए रमता है ताकि शब्द शिल्पी होने के उद्योग में, वह माँ सरस्वती और गणेश जी की सहज कृपा के पात्र बन सकें। शब्द शिल्पी कहलाने वाला आज का पत्रकार ऐसी आराधना के विपरीत, जिस भौतिकवाद की चूहा-दौड़ में शामिल

है, उस दौड़ के रहते क्या वह ऐसी कुछ रचना कर सकता है जिस रचना के बल पर वह समाज को सन्मार्ग की सही राह दिखा सके। शायद माँ सरस्वती की आराधना उसकी प्राथमिकता में शामिल ही नहीं है। मीडिया प्रबन्धन, मात्र रंगे-चुंगे अखबार अथवा पत्रिका के प्रकाशन अथवा चैनलों के प्रसार तक सीमित नहीं, मीडिया के प्रबन्धन को उस प्रबन्धन तक भी केन्द्रित किया जाना चाहिए जिस प्रबन्धन से मीडिया की आत्मा की कान्ति भी शोभा पा सकती हो। एक सम्पादक, सह-सम्पादक, उप-सम्पादक, समाचार सम्पादक अथवा तमाम विधाओं को कवर करने वाले सभी संवाददाताओं को निश्चित रूप से माँ सरस्वती का ऐसा उपासक होना चाहिए ताकि विचार की चासनी में डूबा वह ऐसा शब्द रचे जो दिल और दिमाग में ऐसी आग पैदा कर सके जिससे, मीडिया की उपयोगिता और सम्मान पर फिर कोई प्रश्नचिह्न न उभर सके।

मीडिया संस्थान में एक सुखद वातावरण तैयार किये जाने की आवश्यकता है, ताकि प्रत्येक कर्मी पावन लक्ष्यों की पूर्ति में अपना सुखद योग दे सके। मीडिया संस्थान का व्यावसायिक प्रबन्धन भी प्रभावी एवं उद्देश्यपूर्ण होना चाहिए। तभी मीडिया संस्थान अपनी लोकप्रियता एवं विश्वसनीयता को बनाये रख सकते हैं।

मीडिया संस्थान प्रिन्ट एवं इलेक्ट्रॉनिक दोनों मानवीय लक्ष्यों एवं उद्देश्यों के प्रति समर्पित होने चाहिए। संस्थान में कर्मरत प्रत्येक कर्मचारी को एक ही कार्य करना चाहिए ताकि वह उदात्त सोच के साथ बड़े मनोयोग से अपना कार्य पूरा करें और उन्हें कार्य में पूर्ण दक्षता भी प्राप्त हो। उस प्राप्त दक्षता से समाज में एक बदलाव आये, व्यक्ति का सर्वांगीण विकास हो, व्यक्ति के भीतर देवत्व का भाव पैदा हो और व्यक्ति अपने ही भीतर के पशुपन से कोसों दूर रहे।

प्राणों में, मनुष्य की धमनियों में स्वार्थ का जो विषाक्त लहू बह रहा है उसका शुद्धिकरण हो और हर व्यक्ति सोचे कि उसके कार्य की वास्तविक सीमाएँ क्या हैं? उन सीमाओं में सत्य, शिव और सुन्दर का कुल हित, किस मात्रा में समाहित है? इस वास्तविक सोच को आखिर व्यक्ति को ही व्यावहारिक रूप से अमल में लाना होगा अन्यथा परोपकार, स्नेह, मैत्री और करुणा जैसे दैवी गुणों से हमारा नाता कहाँ रह जायेगा। पाप भीत्ति और देव प्रीति के उच्च संस्कार, हमारे खून का हिस्सा बन सकते हैं?

मीडिया को यह बोध होना ही चाहिए कि मीडिया की भूलें, चूकें और जानबूझकर सनसनी फैलाने के प्रयत्न, मीडिया को ही प्रभावित नहीं करते, अपितु समाज भी गहरे रूप से प्रभावित होता है। मीडिया के गैर जिम्मेदाराना क्रिया-कलापों

से समाज में एक बड़ा असन्तुलन पैदा होता है और जन-जन का जीवन पूरी तरह से बाधित होता है और यह स्वतन्त्रता मात्र सम्पादक या रिपोर्टर की ही नहीं होती इस स्वतन्त्रता का हकदार पाठक या दर्शक भी होता है।

मीडिया के प्रबन्धन में सबसे बड़ी खलबली जो मची है वह है सम्पादक संस्था की गरिमा पर आँच आ जाना, सम्पादक की गुरु-गरिमा जो मीडिया जगत में प्राप्त थी, वह व्यवसाय की चकाचौंध के रहते पूर्णतः प्रभावित हुई है।

सम्पादक अब मीडिया संस्थान का एक साधारण कर्मचारी भर रह गया है। उसको भौतिकवाद की आँधी ने मात्र वेतनभोगी बनाकर रख दिया है, उसकी शब्द सत्ता का गौरव, जो उसे कलम शक्ति के अजेय हथियार से प्राप्त था, अब धूल-धूसरित होकर रह गया है। उसकी कार्य-सीमा भी उद्देश्यहीन बन कर रह गयी है। निष्पक्ष और सटीक होने के विपरीत सम्पादक पक्षपात करने के आदी हो चले हैं, इन स्थितियों के रहते मीडिया प्रबन्धन की दिशा, क्या बदलाव नहीं चाहेगी? निश्चित रूप से मीडिया प्रबन्धन के अन्तर्गत सम्पादक के व्यक्तित्व की रक्षा के प्रयत्न जरूरी हैं और इसके लिए स्वयं सम्पादक को भी उन तपस्वी, त्यागी कर्मशूर सम्पादकों के पदचिह्नों पर चलना होगा जिन्होंने सादा भोजन, सूखी रोटी को भले ही सहजता से स्वीकार किया, मगर चन्द सिक्कों की खातिर उन्होंने अपने सिद्धान्तों की बलि कभी भी नहीं लगने दी।

जिस मीडिया प्रबन्धन से दंश पत्रकारिता तथा पीत पत्रकारिता के गलत उद्देश्यों को बढ़ावा मिलता हो उस प्रबन्धन पर गम्भीरता से विचार करना होगा ताकि सत्य की आँख पर कोई पर्दा न डाल सके। उद्योग-धन्धों तक सिमटे मीडिया का लक्ष्य फिर धन बटोरना भर ही तो रह जायेगा और इससे जन-चेतना जागृत करने का गुरुतर दायित्व कहाँ रह पायेगा। डॉ. राधाकृष्णन जो इस देश के महान शिक्षाविद् तो थे ही, बल्कि एक यशस्वी राष्ट्रपति भी थे, के अनुसार "स्वतन्त्र प्रेस को एक जिम्मेदार प्रेस होना चाहिए और यह जिम्मेदारी उसके द्वारा स्वयं महसूस की जानी चाहिए न कि इसे उन पर बाहर से थोपा जाये। पत्रकार को जनमानस को समझना चाहिए और यह भी देखना चाहिए कि वे अपने ज्ञान, सत्ता एवं जिम्मेदारियों का दुरुपयोग तो नहीं कर रहे हैं। उन्हें यह जानने का प्रयास करना चाहिए, कि सच क्या उपादेय है एवं राष्ट्र के हित में क्या है, उन्हें समाज के मानवीय दृष्टिकोण को विकसित करना चाहिए जिससे इन्सान को इन्सान के रूप में ही देखा जाना चाहिए।"[3] मीडिया की इस मूल्यपरक सोच की तह में नर से नारायण बनने के उदात्त लक्ष्य से मीडियाकर्मियों को कभी पीछे नहीं हटना चाहिए।

मीडिया-प्रबन्धन के दायित्व में सर्वोपरि दायित्व राष्ट्र की मूल पहचान को बनाये रखना भी है। विदेशी मीडिया आगमन की आहट ने हमारे समक्ष चुनौतियों का अम्बार खड़ा करके रख दिया है। इससे राष्ट्रहित तो पूरी तरह प्रभावित होकर रह जायेगा। देश में इससे मूल्यों से ओतप्रोत शान्ति व्यवस्था छिन्न-भिन्न होकर रह जायेगी और सत्य के अन्वेषण से जुड़ा पत्रकारिता का मूल अनुशासन, इससे पूरी तरह जर्जर हो जायेगा। मीडिया की सूचना में जो शालीनता, करुणा, नम्रता का जो उदात्त भाव होना चाहिए, उससे अन्ततः मीडिया जगत और आम आदमी पूर्णतः वंचित रहने के लिए विवश होगा।

सन्दर्भ

1. दीक्षा लोक : प्रकाशन श्रीस्वामी श्रद्धानन्द अनुसन्धान प्रकाशन केन्द्र गुरुकुल कांगड़ी हरिद्वार, अध्याय सच्ची शिक्षा, लेखक महात्मा गाँधी, पृ. 36
2. दीक्षा, आलोक : सं. विष्णुदत्त राकेश, प्रकाशक : श्री स्वामी श्रद्धानन्द अनुसन्धान केन्द्र गुरुकुल कांगड़ी हरिद्वार, पाठ शिक्षा का ध्येय, लेखक : डॉ. अमरनाथ झा, पृ. 110
3. समाचार-पत्र प्रबन्धन : गुलाब कोठारी राजस्थान, हिन्दी ग्रन्थ अकादमी, जयपुर, वर्ष 1977, पृ. 77

मीडिया प्रबन्धन के आधार सूत्र

जीवन की सही खोज का शास्त्र हो मीडिया, भटकाव का नहीं

मीडिया प्रबन्धन के विधायक तत्त्व एवं सकारात्मक राहें क्या हैं? प्रबन्धन के ऐसे सृजनात्मक सूत्र क्या हैं, जिनसे मीडिया की गुणवत्ता सहज ग्राह्य हो सकती है। मीडिया की शक्तिसत्ता, उस सरिता जल सी है, जो जब तक दो किनारों के मध्य प्रवाहमान रहती है तब तक उसका अस्तित्व भला लगता है किन्तु जब वह कूल-किनारों का अतिक्रमण करती है, तो उसके भयंकर परिणाम होते हैं। ऐसी स्थिति में सरिता का जल, प्रलयंकारी रूप धारण कर लेता है। सरिता की जीवनदायी एवं सृजनधर्मी भूमिका का ऐसा भयंकर रूप फिर भला किसे स्वीकार्य होगा। मीडिया प्रबन्धन और मीडिया की भूमिका दोनों पर यही सत्य चरितार्थ होता है।

मीडिया के ठीक से, सकारात्मक प्रबन्धन की दिशा में मीडिया के साधक तत्त्वों का पलायन अथवा नकारात्मक सोच बेहद चिन्ता का विषय है। मीडिया कैसे मूल्यपरक हो, मीडिया आत्मज्ञान, महान शिक्षा का विधायक तत्त्व कैसे बने, प्रबन्धन के आधार बिन्दु, इस दिशा के बोधक तत्त्व होने ही चाहिए। मीडिया ज्ञान गंगा की गंगोत्री कैसे बने? इस दिशा में मीडिया के प्रबन्धन का चिन्तन और उसका व्यावहारिक पक्ष ही उपादेय हो सकता है।

प्रिन्ट मीडिया ने जहाँ अपने पृष्ठों पर भटकाव की छवियाँ प्रस्तुत की हैं। वहीं इलेक्ट्रॉनिक मीडिया ने भी अपने रुपहले पर्दे पर ऐसा ही किया है। सेक्स प्रदर्शन की खुली छूट ने समाज में विकृति की राहें खोल दी हैं। मीडिया का प्रबन्धन कुछ ऐसा बना दिया गया है जिसके कारण मीडिया की मार्गदर्शक मित्रवत् छवि तथा एक श्रेष्ठ शिक्षक की सही भूमिका पार्श्व में छिप कर रह गयी है। मीडिया प्रबन्धन समाज के हर वर्ग के व्यक्ति के लिए जीवन की सही खोज का शास्त्र होना चाहिए, भटकाव का नहीं। मीडिया जीवन की गति देने वाला हो। यदि वह अपनी

इस भूमिका के निर्वाह से विमुख हो जायेगा तो समाज को दुर्गति से फिर कोई बचा नहीं सकता।

अखबार प्रकाशित कर देना, मीडिया चैनल शुरू कर देना आज आजीविका का ऐसा साधन बन गया जिसे हम रोज देख-सुन रहे हैं। यह व्यवस्था हमारे साधारण जीवन से मिलती-जुलती है जहाँ हम जीवन में गृह निर्माण, रोजी-रोटी का जुगाड़, पत्नी-बच्चों का घर-संसार बटोर लेते हैं और हम सोचते हैं कि जिन्दगी का दायित्व पूरा हो गया। यह जीवन जीने का हमारा एक भ्रम है। जीवन सुखमय एवं पूर्ण बने, यह एक लम्बी प्रक्रिया है। यही बात मीडिया प्रबन्धन पर भी चरितार्थ होती है।

मीडिया प्रबन्धन जीवन के समान एक जीवन्त व्यवस्था है जिससे हम जीवन जीने का रस बटोरते हैं ताकि जीवन अमृतमय बन सके। यूँ भी मीडिया की समाज में महत्त्वपूर्ण भूमिका रहती है। मीडिया जहाँ समाज को सूचना प्रदान करता है वहीं उसका नेतृत्व भी करता है। मीडिया द्वारा ही समाज में जन-जन की अभिव्यक्तिगत-स्वतन्त्रता की रक्षा हो सकती है। मीडिया द्वारा समाज में विचार विनियम तथा संवाद कायम करने के लिए एक मंच उपलब्ध होता है। समाज में जन-जन को सहयोग मिले, प्यार के सद्भाव व एकता का वातावरण बना रहे। इस दिशा में तो मीडिया की महत्ती भूमिका को हम नज़रअन्दाज नहीं कर सकते। मीडिया के मुख्य उद्देश्यों में जन-जन के जीवन को उन्नत बनाना तो है ही, साथ में यह भी कि जीवन को आनन्दमय बनाने के लिए क्या कुछ किया जा सकता है। मीडिया सामाजिक परिवर्तन का एक जबरदस्त हथियार है। इसके दृष्टिगत इसको सदैव नैतिक मूल्यों के उच्च अधिमान से नवाजा जाना चाहिए ताकि समाज में सत्य का संरक्षण हो सके। मीडिया तभी समाज में निष्पक्ष भाव से अपने दायितव का वहन कर सकेगा।

मीडिया निष्पक्ष, स्वतन्त्र तथा उद्देश्यपूर्ण हो, इसके लिए इसका दृष्टिकोण नैतिक मूल्यों से ओतप्रोत होना ही चाहिए। मीडिया चाहे प्रिन्ट हो चाहे इलेक्ट्रॉनिक, वह आर्थिक दृष्टि से सक्षम होना चाहिए, इसके प्रति प्रबन्धकीय तौर-तरीके यदि प्रभावकारी होंगे तो मीडिया को हर क्षेत्र में हार्दिक सफलता प्राप्त होगी। प्रबन्धन की एक सुनिश्चित आचार संहिता के अभाव में मीडिया को व्यापक विस्तार मिलना कठिन है। अतः अन्ततः लोकतन्त्र को मीडिया के माध्यम से ही सशक्त आधार उपलब्ध हो सकता है। मीडिया के बिना लोकतन्त्र का अस्तित्व खतरे में पड़ सकता है। देश में संसद, प्रशासनिक तन्त्र तथा न्यायालय की कार्यपद्धति

प्रश्नों के घेरे में है। लोकतन्त्र के चौथे स्तम्भ के रूप में मीडिया ही मात्र एक आशा की किरण रह गया है। देश की जनता, मीडिया को ही एक मार्गदर्शक तथा सही नेतृत्व करने वाला मानती है। इस देश में स्वतन्त्रता संग्राम की अमिट स्मृति ने मीडिया को एक गरिमापूर्ण धरोहर सौंपी है, उसी आधार पर मीडिया का प्रबन्धन भी गरिमापूर्ण और अर्थपूर्ण हो, यह समय की महती आवश्यकता है। इस परिवर्तनशील संसार में क्या कुछ घट रहा है, क्या कुछ घट गया, इसकी विश्वसनीय जानकारी मीडिया ही आम आदमी को परोसता है और आम आदमी को वांछित मार्गदर्शन व सहायता भी मीडिया के द्वारा ही उपलब्ध होती है। अतः मीडिया का लक्ष्य सुस्पष्ट होना चाहिए। एक दूरस्थ और विवेकशील दृष्टि के अभाव में मीडिया अपने लक्ष्य को कैसे प्राप्त कर पायेगा? मीडिया का प्रत्येक संस्थान, दूरदर्शी दृष्टि एवं दर्शन की अनुभवी सोच से सम्पन्न होना चाहिए।

मीडिया प्रबन्धन वास्तव में एक चुनौतीपूर्ण कार्य है। मीडिया जिस तरह से अपने पाँव पसार रहा है, जिस गति से मीडिया का विकास हुआ है, मीडिया का चेहरा जिस तरह से बदला है, सृजनात्मकता का धर्म निभाने में मीडिया के सम्पादकीय, रिपोर्टिंग के आयाम जैसे होने चाहिए वह एक अहम दायित्व है। पाठक और दर्शक मीडिया से जिस तरह की अपेक्षा रखता है, उसके अनुकूल मीडिया का धर्म निभाना अति अनिवार्य हो गया है। मीडिया प्रबन्धन की बेहतर समझ से ही यह धर्म भी परिभाषित हो सकता है। उद्यम, कल्पनाशीलता, दूरदृष्टि तथा लक्ष्यपरक आकांक्षा के सम्बल में परम्परागत बाधाओं से जूझ कर ही पत्रकारिता के व्यावहारिक दर्शन की नयी परिभाषा रची जा सकती है। मीडिया का सम्पूर्ण गुणधर्म अपने आप में अति मानवीय है और यह तभी बना रह सकता है जब प्रबन्धन के तमाम तरीके प्रतिभासम्पन्न और सद्प्रेरक हों।

देश की जनता मीडिया की एक पाठक या दर्शक के रूप में साक्षी है यानी एक चश्मदीद मानवीय इकाई देश की जनता पर आज जितनी विषम समस्याओं का दबाव है, आखिर उसका निदान कौन करेगा? मीडिया को ही अन्ततः दिशा में उत्प्रेरक का काम करना है। देश की जनता अलगाववाद, सम्प्रदायवाद, जातिवाद, प्रदूषण और भ्रष्टाचार के मकड़जाल में उलझी है, इसी स्थिति में आखिर मुक्ति की राह मीडिया ही सही और सहज ढंग से सुझा सकता है। ये सुझाने वाले वे सभी व्यक्ति होंगे, जो विचार और प्रसार के स्तर पर मीडिया के प्रबन्धन दायित्व को निभा रहे हैं।

राष्ट्र की कल्याणकारी नीतियों का ठीक से लाभ जनता को प्राप्त हो, बालकों

को पोषक आहार मिले, वृद्धों को पूर्ण आदर सुलभ हो, नर-नारी पारस्परिक सद्भाव से रहें, तभी राष्ट्रीय एकता को बल मिलेगा। अतः इस संदर्भ में मीडिया ही महत्त्वपूर्ण भूमिका निभा सकता है। मीडिया प्रबन्धकों को ध्यान रखना है कि सूचना प्रसार में ज्ञान और विवेक आधार बने अन्यथा सूचना मात्र व्यावसायिक विवरण का अंग भर बनकर रह जायेगी। इस प्रवृत्ति के रहते शायद ही मीडिया किसी उदात्त और अनुकरणीय मूल्य की सृष्टि करने में सहायक हो।

दूरदर्शन के कार्यक्रमों पर जब कभी हम ध्यान देते हैं तो हमें मानना पड़ता है कि अधिकांश कार्यक्रम पारिवारिक तनाव को बढ़ावा दे रहे हैं और ज्यादातर ऐसे हैं जो पारिवारिक संस्था पर चोट कर रहे हैं। अधिकारों की होड़ में पत्नी ने पति के प्रति पारिवारिक मंच को युद्ध क्षेत्र में बदल कर रख दिया है तलाक देना या लेना अब चैनल कार्यक्रम के मूल कथ्य बनते जा रहे हैं। कर्तव्य-परायणता, त्याग-बलिदान, सच्चा व विशुद्ध प्यार, एक अच्छा पड़ोसी होने तथा समाज के प्रत्येक व्यक्ति के प्रति दया-दयालुता के भाव, दूरदर्शन कार्यक्रमों से कम ही देखने को मिलते हैं। क्योंकर दूरदर्शन ऐसे कार्यक्रम नहीं करता जिससे समाज को प्रेरणा मिले कि भाई के प्रति भाई, माता-पिता के प्रति पुत्र, सास, बहू तथा बहू-सास के प्रति, एक अच्छी सोच रख सकती है ताकि हमारे परिजन खुशहाल हो सकें। क्योंकर ऐसे कार्यक्रम नहीं बनते जिन्हें देख-सुनकर लगे कि परिवार में पति व पत्नी परम त्याग की अवधारणा से जुड़ कर एक खुशनुमा जीवन जी सकते हैं। सन्मति और प्रसन्नता के वातावरण में जीने की महान धारणा से कौन वंचित होना चाहेगा? पर दूरदर्शन ने हमारे परम्परागत मूल्यों की जड़ों को खोखला करके रख दिया है।

सद्भाव, सद्भाव न रह कर घृणा, ईर्ष्या, द्वेष की प्रवृत्ति में बदल रहा है। आधिकारिक चेतना का भाव सर्वोपरि है जबकि त्याग, समर्पण के पूज्य भाव गौण हो कर रह गये हैं। ऐसी स्थिति में क्या भला हम मानवीय प्रेम व राष्ट्र प्रेम की सद्कल्पना कभी कर सकते हैं? रामायण, महाभारत जैसे कार्यक्रमों में भी भारतीय समाज का आधुनिक स्वरूप तो दिखता है किन्तु भारतीय संस्कृति का मूल स्वरूप, इनके कार्यक्रमों में छिटकता ही नज़र आने लगा है। परिवार में बैठकर परिवार के सभी लोग दूरदर्शन के कार्यक्रमों को इकट्ठा बैठ कर देख ही नहीं पाते क्योंकि मीडिया का नंगापन हमें शर्मसार करके रख देता है। अब तो वह समय आ गया है जब अश्लील से अश्लील कार्यक्रम को देख कर भी हम लज्जित नहीं होते।

रामायण, महाभारत, जय हनुमान, चाणक्य जैसे सीरियल यदि बन सकते हों जिन्हें देखकर दर्शक समाज सम्मोहित हो तथा जिनकी लोकप्रियता से वह अपने

उज्ज्वल नैतिक मूल्यों से जुड़ पा रहा है तो बेहतर होता पूरा भारतीय समाज अभिभूत था, ऐसे कार्यक्रमों के निर्माण से। पर फिर आज क्यों प्रेरणा से दूरदर्शन विलग है? अधिकांश दूरदर्शन के पर्दे पर दिखाये जाने वाले कार्यक्रम एक तो निम्न कोटि के होते हैं। दूसरे भारतीय सांस्कृतिक मूल्यों से इनका कोई नाता ही नहीं होता। भारतीय धर्म में ही विकृति खोजने की छूट पूरे मीडिया जगत को मिली हुई है। अन्य किसी भी इतर धर्म में ही दिखाये जाते हैं। दूरदर्शन की असफलता के कई ऐसे बिन्दु हैं जिन पर विशेष ध्यान देने की आवश्यकता है।

कार्यक्रमों के निर्माण तथा समाचार और विचार के प्रसारण में, यदि दूरदर्शन उद्देश्यपूर्ण तटस्थ एवं रचनाधर्मी बन पाता तो बेहतर होता मगर इसे आश्वस्त कराने के लिए गठित प्रसार भारती भी अपने उद्देश्य से एकदम भटक कर रह गया है। प्रसार भारती भी अपने उद्देश्य से एकदम भटक कर रह गया है। प्रसार भारती की विश्वसनीयता बन ही नहीं पायी है। इसके द्वारा बदलते मूल्यों, बदलते समाज के तेवरों को सहज स्वीकृति दी जा रही है। जीवन में सेक्स का अहम महत्त्व है। अतः सेक्स को बेपर्दा किया जाना आम बात हो गयी है। लाज-शर्म के लिए अब कोई स्थान जीवन में रह नहीं गया है, यह शब्द हमारे शब्दकोष से जैसे हटा दिये गये हैं। सूचना का प्रवाह भी सन्तुलित और मर्यादित नहीं रह पाया है। अभिव्यक्ति की स्वतन्त्रता, सत्यम, शिवम, सुन्दरम जैसे परम मूल्यों का संरक्षण, जनहित में हो ही नहीं पाता। राष्ट्रीय सोच के परिप्रेक्ष्य में अंतरराष्ट्रीय सम्बन्धों को पोषित ही नहीं किया जाता रहा है। नियोजित तथा अनियोजित विज्ञापनों के प्रदर्शन की तो अभी तक ठीक से कोई संस्कृति ही नहीं बन पायी है तथापि देश में मीडिया, विज्ञापन के प्रदर्शन का मंच बना हुआ है।

मीडिया में प्रबन्धन की महत्त्वपूर्ण अपरिहार्यता के रहते, प्रबन्धन का कार्य अब मात्र एक व्यवसाय बन कर रह गया है। आज मीडिया व्यवसाय के विस्तार ने मीडिया प्रबन्धन पर एक बड़ा प्रश्नचिह्न खड़ा कर दिया है।

मीडिया संस्थान मानवीय भावों के वाहक हैं जिनके रहते इन संस्थानों का जन-जन की भावनाओं एवं विचारों से एक गहरा सम्बन्ध तो रहता ही है, ऐसे रिश्ते के रहते मीडिया संस्थानों को लोक कल्याण पर आधारित अपनी दायित्वपूर्ण भूमिका को सदैव स्मरण रखना चाहिए। तभी मीडिया समाज के निर्माण तथा समाज की सभ्यता और सांस्कृतिक विरासत के संकलन-संरक्षण में अपना योगदान दर्ज कर सकता है।

मीडिया प्रबन्धकों को यह भी स्मरण रखना है कि मीडिया में मानवीय सभ्यता

को जिस मोड़ पर खड़ा किया है, वहाँ कहीं अज्ञान, संस्कृति एवं मूल्यों के पतन का अँधेरा न पसर जाये। अतः यह आवश्यक है कि नये जीवन मूल्य ज्ञान प्राप्ति के भी आधार बनें। मीडिया के क्षेत्र में आयी क्रान्ति तभी समाज के लिए उपयोगी सिद्ध हो सकती है। मीडिया चाहे प्रिन्ट हो चाहे इलेक्ट्रॉनिक एक सामूहिक कृति का पर्याय है, जिसके निर्माण में कलाकारों, सम्पादकीय सहकर्मियों का चिन्तन महत्त्वपूर्ण भूमिका का वाहक बनता है। चिन्तन ही अन्ततः विचारों के माध्यम से संवेदना को पैदा करता है, संवेदनशील हुए बिना किसी गंतव्य तथा मंतव्य तक पहुँचना असम्भव है।

आज स्थिति यह है कि अंग्रेजी अखबार बढ़े हैं, लेकिन बढ़ने से ज्यादा वे ग्लोबल हुए हैं और उनकी देखादेखी आज हिन्दी के अखबार भी एक साथ स्थानीय और ग्लोबल हुए हैं। उनमें विश्व भर की सूचनाओं का आधिक्य हुआ है, विज्ञापनों का आधिक्य हुआ है और मनोरंजन एवं सूचना यानी इन्फोटेनमेंट का तत्त्व बढ़ा है। आज किसी भी हिन्दी अखबार के दैनिक परिशिष्टों, विशेष पृष्ठों या अन्तिम पृष्ठों को देखें और दस साल पहले के अखबारों के पृष्ठों से मिलाकर पढ़ें तो तकनीक और नये बाज़ार के साथ मीडिया के संवेदनशील सम्बन्धों को प्रमाण मिल जायेगा। कागज अच्छा है, मनोरंजन के लिए टी.वी. फिल्मी गपशप और फैशन, मॉडलिंग, रोजगार एवं शिक्षा सम्बन्धी सूचनाएँ, स्वास्थ्य सौन्दर्य सम्बन्धी सूचनाएँ और इनकी साज-सज्जा यानी पैकेजिंग डिजाइनिंग पर हिन्दी अखबारों में खासा जोर बढ़ा है।

अगली सदी के अखबार इसी रास्ते से आगे बढ़ेंगे। विचारधारा और राजनीतिक आग्रहों की जगह वे बाजार की स्पर्धा और लाभ के गणित से परिचालित होंगे। उनका रूपाकार बदलेगा, खबर निर्माण का तरीका बदलेगा, यहाँ तक कि पाठक तक पहुँचने का तरीका बदल जायेगा। बड़े अखबार कुछ ही होंगे लेकिन छोटे और स्थानीय हितों के अखबार असंख्य होंगे। मनोरंजन के नाम पर अर्धनंगी स्त्री की छवियाँ छापना और सम्पादकीय में सांस्कृतिक प्रदूषण की आलोचना करना, जो इन दिनों के हिन्दी अखबारों की दुहरी गाँठ है, वह अगली सदी में खुल जायेगी। कुछ खुद को ब्राण्ड भी कहने लगे हैं। अगली सदी में पत्रकारिता मिशन न रहकर शुद्ध प्रोफेशन और ब्राण्ड होगी।"[1] यह भी हमें मानना होगा कि "केवल अच्छे वेतन के सहारे किसी को अच्छा पत्रकार नहीं बनाया जा सकता और न ही उन उपाधियों के साहरे, जो समय-समय पर उन्हें दी जाती हैं। वास्तविक पत्रकार बनने के लिए कठोर तपस्या, अनुशासन, श्रमसाध्य चिन्तन और आत्म-मंथन की आवश्यकता

है।"[2] पत्रकारिता में जब तक व्यावसायिकता एवं कार्यगत ईमानदारी का समन्वय नहीं होता तब तक पत्रकारिता का प्रबन्धन अधूरा ही माना जायेगा। यह भी सही है कि पुराने मूल्यों के समक्ष आज एक बड़ा प्रश्नचिह्न है। नये आर्थिक मूल्यों पर आधारित नीतियों ने पुराने मूल्यों को बदल कर रख दिया है। आयाम बदले हैं तो प्रबन्धकीय व्यवस्था में बदलाव आना फिर स्वाभाविक ही है लेकिन यह बदलाव इतना भी न हो कि मीडिया अव्यवस्था का शिकार होकर रह जाये ऐसी स्थिति में मीडिया की विश्वसनीयता समाप्त हो कर रह जायेगी। यूँ भी मीडिया की विश्वसनीयता पर ढेर सारे प्रश्न उभरे हैं। इन यक्ष प्रश्नों के उत्तर बेहतर प्रबन्धन द्वारा ही दिये जा सकते हैं।

मीडिया, बेहतर प्रबन्धन के द्वारा ही सूचना, शिक्षा मार्गदर्शन, प्रेरणा व मनोरंजन उपलब्ध करवाने के अपने महत्त्वपूर्ण दायित्व को निभा सकता है। सूचना के भीतर जो भाव एवं विचार प्रच्छन्न रहते हैं उनके द्वारा ही मीडिया समाज के साथ जुड़ पाता है। विचारों के आदान-प्रदान का मीडिया एक सशक्त माध्यम है। अतः मीडिया प्रबन्धन ऐसा हो, जिससे विचारों का प्रसार बाधित न हो। प्रबन्धन में बाह्य प्रबन्धन की सूझ-बूझ तो सम्मिलित है ही, मूल्यों पर आधारित भीतरी प्रबन्धन भी मीडिया के लिए अति आवश्यक हो। "प्रबन्धन वह विशिष्ट प्रक्रिया है जिसके अन्तर्गत प्रबन्धक संस्थान से सम्बद्ध योजनाएँ बनाता है, व्यवस्थाएँ करता है, कर्मचारियों को प्रेरित करता है। और उन पर नियन्त्रण रखता है ताकि संस्थान के लक्ष्यों का निर्धारण एवं उनकी पूर्ति की जा सके।"[3] सम्पादकीय योजना के साथ मानव संसाधन योजना का सर्वोपरि महत्त्व होता है।

मीडिया संस्थान में कितने कर्मचारी हैं, क्या उन्हें सही समय पर उनकी योग्यता के अनुरूप कार्यभार सौंपा गया है। उनकी योग्यता के अनुसार उनकी प्रतिभा का दोहन भी अत्यावश्यक है प्रबन्धन के महत कार्य में वास्तविकता के धरातल पर कार्य करना अत्यावश्यक है। इसी आधार को सामने रख कर, सफलता के समीप सहजता के साथ पहुँचा जा सकता है। सफलता के लक्ष्य पथ पर पहुँच कर ही हम जान पाये हैं कि मीडिया समाज का अन्तःकरण बन गया है। मीडिया द्वारा उजागर की जाने वाली घटनाएँ, इतिहास का पर्याय हैं। मीडिया मात्र व्यापारिक गतिविधि नहीं है, समाज सेवा, जन सेवा का मीडिया सबसे बड़ा हथियार है।

मीडिया जगत में 29 जनवरी, 1780 को जेम्स आगस्ट्स हिक्की नामक अंग्रेज ने कलकत्ता से बंगाल गजट या कलकत्ता जनरल एडवरटाइज़र का जो समाचार-पत्र निकाला था, अपनी मिशन प्रतिज्ञा के साथ इसके सम्पादक ने इस

पत्र के द्वार सबके लिए खुले रखे थे। बिना किसी भेदभाव के। न ही इस पत्र पर किसी का कोई प्रभाव स्वीकारा गया था। मन और आत्मा की स्वतन्त्रता के प्रति इस पत्र के सम्पादक का संकल्प, उस प्रबन्धन की अर्थवत्ता को रेखांकित करता है, जिसे हम मूल्य से ओतप्रोत इनर मैनेजमेंट (भीतरी व्यवस्था) कह सकते हैं।

इतिहास साक्षी है मीडिया प्रबन्धन के समक्ष सबसे बड़े खतरे उन कानूनों के अस्तित्व में आने से पैदा हो गये जिन्होंने मीडिया की स्वतन्त्रता का गला घोंट करके रख दिया। मीडिया के समक्ष सहज अभिव्यक्ति का यह सबसे खतरनाक संकट रहा होगा। इसके अतिरिक्त सेंसर की कैंची ने भी मीडिया के समक्ष ऐसे पेचीदा संकट पैदा किये और तब मानो पत्रकारों का हृदय भीतर ही भीतर महसूस कर रहा था कि—

न तड़पने की इजाजत
न फरियाद की इजाजत
घुट-घुट के मर जाऊँ
यह मर्जी मेरे सय्याद की है।

ऐसे घुटन भरे वातावरण में मीडिया प्रबन्धन कैसा रहा होगा, इसकी सहज कल्पना की जा सकती है। "स्वतन्त्रा के बाद के इन वर्षों में हमने देखा कि देश में तीव्र परिवर्तन हो रहे हैं। केवल हमारा देश ही नहीं बल्कि पूरा विश्व ही आज परिवर्तन के कगार पर खड़ा है। आज प्रत्येक व्यक्ति और संगठन की भूमिका को परिवर्तनशील विश्व की प्रवृत्तियों के आधार पर निर्भर करना आवश्यक है।

भारत में न केवल सरकार का ढाँचा बदला है, बल्कि समाज भी पुनर्निर्माण की अवस्था में है। हमारे सामाजिक संगठन, आर्थिक संगठन, व्यक्तिगत कानून-नियम और धार्मिक विश्वास तथा व्यवहार बदल गये हैं और सतत बदलते जा रहे हैं।"[4] समस्त बदली हुई परिस्थितियों में मीडिया-प्रबन्धन के आधार सूत्र भला क्या हों? यह हमारी समस्त रचनाधर्मी सोच पर आधृत होगा। अन्ततः रचनाधर्मी सोच ही मीडिया प्रबन्धन के लिए उपयोगी एवं वरदायक सिद्ध हो सकती है। इस परिप्रेक्ष्य में श्रम, पूँजी और प्रबन्धन कौशल का स्थान महत्त्वपूर्ण बन गया है।

सामाजिक सन्दर्भ, साहित्य एवं संस्कृति, धर्म एवं दर्शन, वाणिज्य एवं उद्योग, स्वास्थ्य, समाज-कल्याण, शिक्षा, प्रशासन, वैज्ञानिक दृष्टिकोण, कला, खेलकूद इत्यादि ऐसे विषय हैं जिन पर मीडिया प्रबन्धन की गिद्ध सदृश तेज आँख टिकनी ही चाहिए। व्यापारिक उद्देश्य एवं मिशन के मध्य समन्वय होना ही चाहिए। इसके प्रति सुनिश्चित नीतियों का भी उतना ही बड़ा महत्त्व है। तभी मीडिया एक

सफल मार्गदर्शक के रूप में जनहित को सर्वोपरि महत्त्व दे पाने में सक्षम हो सकता है।

मीडिया-संगठन के ढाँचे अलग-अलग हैं। इलेक्ट्रॉनिक मीडिया, प्रिन्ट मीडिया संगठन के मूल स्वरूप में, अपना-अपना दायित्व अलग-अलग रूप से निभा रहे हैं। इलेक्ट्रॉनिक मीडिया दिन और रात समाचारों का प्रसारण करने में क्या सक्षम हो पाया है? इसके प्रति सुव्यवस्थित सहयोग ही एक महनीय भूमिका है। प्रिन्ट मीडिया भी भयंकर स्पर्द्धा के साथ अपना उपयोगी अस्तित्व नये ढंग और कौशल के साथ कायम किये हुए है। सफलतापूर्वक उत्तरदायित्व के निर्वाह से कार्यों को विस्तार मिलना भी तय है और इसके साथ ही स्वस्थ प्रतिस्पर्द्धा के बने रहने का भी अपना एक महत्त्व है।

सन्दर्भ

1. साईबर स्पेस और मीडिया : सुधीश पचौरी, प्रवीण प्रकाशन, नई दिल्ली, 30, पृ. 17
2. यूनीवार्ता सफलता के 10 वर्ष : लेखक : नरेन्द्र मोहन, लेख हिन्दी पत्रकारिता की स्थिति, पृ. 74
3. समाचार-पत्र प्रबन्धन और व्यवस्था : लेखक : गुलाब कोठारी, राजस्थान हिन्दी ग्रन्थ अकादमी, पृ. 23
4. भारतीय समाचार-पत्रों का संगठन और प्रबन्ध, लेखक डॉ. सुकमाल जैन, मध्य प्रदेश हिन्दी ग्रन्थ अकादमी, प्रथम संस्करण, 1972, पृ. 28

मीडिया प्रबन्धन का प्राणतत्त्व

विचार और साहित्यिक संवेदना मीडिया के लिए आवश्यक

नये से नये विचारों का अवदान समाज को मिले, इस दिशा में अनवरत प्रयत्न करना मीडिया का मूल ध्येय होना चाहिए। विचारों का यह प्रवाह सम्पादकीय लेखन व अग्रलेखों के द्वारा बना रहना चाहिए। किसी भी महत्त्वपूर्ण विषय पर आधृत फीचर भी अन्ततः विचार प्रक्रिया का संवाहक बनता है। विचार केन्द्रित चर्चाएँ सर्वाधिक मात्रा में हों। मीडिया संस्थानों में पुस्तकालय की सुव्यवस्था रहनी चाहिए। विचारोत्तेजक एवं चिन्तनपरक लेखों के लिए रचनाकारों को यथेष्ट पुरस्कार भी प्रदान किये जाने चाहिए।

सम्पादकीय विभाग का हर छोटा-बड़ा कर्मचारी जहाँ पत्रकारीय प्रतिभा से सम्पन्न हो वहाँ वह उस सारस्वत परम्परा का भी प्रतिनिधि हो—जो राष्ट्र प्रेम से, मानवीय प्रेम से भी ओतप्रोत तो हो ही, इसके साथ, समस्त मानवीय मूल्यों से भी ऐसी कर्मियों के व्यक्तित्व आभूषित होने चाहिए। मीडिया प्रबन्धकों को यह पूर्ण ध्यान रहे कि मीडिया संस्थानों के साधक तत्त्वों का ही सर्वोपरि महत्त्व है। यह साधक तत्त्व चाहे वह प्रधान सम्पादक हो, चाहे सामान्य रिपोर्टर, वास्तव में हर कर्मचारी मीडिया संस्थानों में संस्कार सम्पन्न एवं नैतिक मूल्यों से सम्पन्न होना चाहिए।

मीडिया संस्थानों में इन दिनों साहित्य-संस्कृति विरोधी स्वर मुखर होने लगे हैं। साहित्य-संस्कृति को हाशिए पर रख दिया है। यह अनुकरणीय परम्परा नहीं है। साहित्य-संस्कृति के अभाव में न तो विचार को, न ही समाचार को उपयोगी तथा अर्थपूर्ण बनाया जा सकता है। मीडिया प्रबन्धन में जब विचार-प्रक्रिया को नज़रअन्दाज किया जायेगा तो पत्रकारिता का भविष्य धूमिल होकर रह जायेगा। ''भारतीय प्रेस, विशेषतः हिन्दी पत्रकारिता में विचारों की महत्त्वपूर्ण भूमिका रही

है। लोकमान्य तिलक, महर्षि अरविन्द, डॉ. लोहिया, पराड़कर जी, आचार्य नरेन्द्र देव, आचार्य महावीर प्रसाद द्विवेदी, डॉ. रामविलास शर्मा, अज्ञेय, राजेन्द्र माथुर, धर्मवीर भारती, रघुवीर सहाय आदि पत्रकार होने के साथ विशिष्ट विचारक भी थे। इन्होंने आजीवन देशी-विदेशी नवीनतम ज्ञान की जानकारी अपने पाठकों को दी। किन्तु इस बीच इसकी वरीयता कम हो गयी है, शायद यह सोचकर कि अब इसकी पाठकीयता कम हो गयी है। वस्तुस्थिति यह है कि समाज का एक बहुत बड़ा वर्ग वैचारिक पत्रकारिता के साथ सहभागिता करना चाहता है। हाँ यह स्वाभिमान वश सम्पादक से गर्ज करके अपनी खोज या सोच का प्रकाशन नहीं कर पाता।"[1]

वैचारिक पत्रकारिता के लिए साहित्यिक संवेदना की चाशनी आवश्यक है अन्यथा मात्र वैचारिक कसरत का कोई अर्थ नहीं रह जायेगा। कभी भी विचार असहनीय ताप बन जाता है, जिससे अन्ततः संवेदना की नमी ही शीतलता पहुँचाती है। इसी शीतलता से पाठक-दर्शक समाज को विचारपरक ऊर्जा सुलभ होती है। मीडिया-प्रबन्धन में विचार और साहित्यिक संवेदना का समन्वय होगा तो मीडिया को एक नयी दिशा सुलभ होगी। यह आवश्यक भी है क्योंकि "पूरा सूचना तन्त्र पूँजी पर आश्रित एक खेल बन गया है। इस खेल में सम्पादक भी मालिक की तर्ज़ पर मुनाफा कमाने की होड़ में शामिल हो गया है। पूँजी प्रधान हो गयी है, विचार शून्य हो गया है। अब पत्रकारिता एक बड़ा उद्योग बन कर रह गयी है, जहाँ सम्पादक की भूमिका गौण, प्रबन्धक की भूमिका महत्त्वपूर्ण हो गयी है।

ज्ञान के क्षेत्र में पूँजी का प्रवेश खतरे की घंटी है और पूँजी का पहला आक्रमण मान्यताओं और सांस्कृतिक विरासत पर ही हो रहा है। सूचना और ज्ञान का यह व्यापार अपनी बाँहें फैलाता ही जा रहा है। फिल्मी हिंसा के समाचार, नग्न-अर्द्धनग्न चित्र, भड़काऊ एवं अश्लील चित्र, अब प्रसार संख्या में बढ़ोतरी करने के मूलमन्त्र बन गये हैं। अश्लील और संस्कार विहीन सामग्री अब विदेशी अखबारों की तर्ज़ पर बेझिझक प्रकाशित की जाती है।

पत्रकारिता के पृष्ठों से सुखद जीवन जीने के उपदेश, लोक और परलोक, ज्ञानवर्द्धक सन्देश, विचार और सूचना कर्म हाशिए पर डाल दिये गये हैं।"[2] ऐसा मीडिया के क्षेत्र में पश्चिमी अन्धानुकरण करने की सोच के कारण हुआ है। अपनी मान्यताओं को छोड़ कर हम पश्चिमी मान्यताओं को स्वीकारने में दक्ष हो गये हैं। पश्चिम, पूर्व की ओर ताक रहा है। भौतिक सुखों को छोड़ शान्ति की खोज में पूर्व

की ओर आ रहा है, जबकि हम पश्चिमी रंग में रंगने के लिए बेहद लालायित हैं। तेजस्विता से हमने अपना नाता तोड़ दिया है। पूँजी के संग्रहण का प्रबन्धन तो होने लगा है किन्तु भावों, विचारों के संग्रहण के प्रति हमारी विमुखता चिन्ताजनक है। साहित्य जो भावों और विचारों का जनक है, उसके लिए मीडिया में अब कोई स्थान नहीं रह गया है। ऐसी स्थिति में मीडिया को कैसे सही दिशा मिल सकती है। "स्वर्गीय प्रेमचन्द ने अपने भाषण में एक बार कहा था—साहित्य की जो सबसे अच्छी तारीफ की गयी है, वह यह है कि वह अच्छे से अच्छे भावों और विचारों का संग्रह है।"[3] भावों और विचारों से विमुखता सद् साहित्य के अध्ययन से कट जाना भी है। जबकि प्रत्येक ऐसे साहित्य से ही उच्च विचारों को ग्रहण किया जा सकता है। मीडिया के लिए यही विचार बहुत बड़ी पूँजी का काम करते हैं। इस पूँजी को न सहेजने का दण्ड ही हमें भोगना पड़ रहा है। हम हर तरह से जागृत भी हैं आधुनिक प्रौद्योगिकी को भी हमने अपनाया है। समय की धड़कनों को भी पहचाना है किन्तु मीडिया को जन-मन में यह भाव भर देना है कि बेहतर प्रबन्धन के साथ मीडिया को देश की अखण्डता, उदारता, धैर्य, वीरता प्रेम जैसे गुणों का संरक्षण भी करना होगा। विचार परम्परा और समाचार परम्परा के उज्ज्वल आदर्शों को अपनाए रखने से ही मीडिया की विश्वसनीयता बनी रह सकती है।

पत्रकारिता की आत्मा विचार और संवेदना है। इन दोनों सहज मानवीय तत्त्वों की रक्षा हो, यह आवश्यक है। विचार और संवेदना को गंगा के पानी की भाँति निर्मल होना ही चाहिए ताकि प्यास की यात्रा पूरी होने के साथ जनजीवन भी मुक्त बना रह सके। गंगा जहाँ हमारी प्यास शान्त करती है वहीं उसका निर्मल जल हमें मुक्ति का विश्वास भी दिलाता है। गंगा का यह अवदान अद्‌भुत है। इसके प्रतिकार में गंगा ने हमसे कुछ नहीं माँगा। उल्टे हमने गंगा के निर्मल पानी को गँदला कर रख दिया है, नितान्त प्रदूषित। विचार भी जब प्रदूषित हो तो वह भी फिर हमें मानसिक मुक्ति क्या दे पायेगा? इस प्रकृति में जिस तरह बिना कोई प्रश्न उठाये गंगा प्रवाहित हो रही है, हवा जिस तरह हमें सुलभ है, सूर्य का ताप और चाँद की शीतलता जैसे हमें सहज प्राप्य है, उसी तरह विचार और संवेदना का पवित्र नाता मीडिया जगत से हमेशा जुड़े रहना चाहिए। बिना विचार और संवेदना के मीडिया का समस्त परिदृश्य दागदार बन कर रह जायेगा।

हम यह जान ही नहीं पायेंगे कि 'जन' आज हमारे यहाँ तन्त्र के फौलादी पंजों में जकड़ा कराह रहा है। जनता के प्रतिनिधि उसके स्वामी बन बैठे हैं। जनतन्त्र में नेता पर लाखों रुपया खर्च किया जा रहा है। जितनी महँगी गाड़ी,

जितनी अधिक सुरक्षा व्यवस्था, जितना बड़ा दौरे का खर्च, जितना बड़ा फोन का बिल, उतना ही बड़ा होता है नेता। नेता मन्त्री बन कर विशिष्ट आदमी अर्थात् वी.आई.पी. बन जाता है। सुनते हैं चाणक्य जब व्यक्तिगत कार्य करते थे, तो सरकारी खर्च से जलने वाला दीपक बुझा देते थे, पर आज तो हर नेता "मैं भारत हूँ और भारत मैं हूँ, यही कह कर राष्ट्रीय सम्पत्ति को अपनी 'पॉकेट-मनी' ही मानता है।"[5] लोकतन्त्र के नाम पर जो विकृतियाँ देश में आ गयी हैं उससे लोहा लेने का एक मात्र हथियार है विचारपरक पत्रकारिता। मीडिया प्रबन्ध के हर पहलू के साथ इसका जुड़ाव अति आवश्यक है। विचार पत्रकारिता के द्वारा ही हम जान पायेंगे कि जीवन का वास्तविक ध्येय क्या है? पूरी पत्रकारिता का चरित्र ही जीवन के वास्तविक ध्येय पर टिका हुआ है। यह दूसरी बात है कि विचारशून्य पत्रकारिता के रहते हमारे मीडिया संस्थान कैसी-कैसी सामग्री परोस रहे हैं। जिससे मस्तिष्क विकृत हो रहे हैं और हम निर्णय नहीं कर पा रहे हैं कि समाज, राष्ट्र और मानवता के प्रति हमारे क्या कर्त्तव्य हैं। उल्टे विचारशून्य होकर, पद लिप्सा की आसक्ति ऐसी बन गयी है कि हम चाहते हैं कि जिस पद पर हम हैं वह मृत्युपर्यन्त न छूटे। धन लिप्सा इतनी बढ़ गयी है कि हम इतना जोड़ के जायें, जिससे सात पीढ़ियाँ तर जायें। आखिर विचार ही हमारी आँखें खोल सकता है कि हमें किस सन्मार्ग पर आगे बढ़ना है। विचार ही ऐसा विवेक है जो हमारे अन्धविश्वासों व लोभ की पट्टी को खोल सकता है। अन्यथा हम जीने के स्वार्थ के लिए गान्धारी की भाँति जीवन्त व भली चंगी आँखों पर भी पट्टी बाँध के बैठ जायेंगे और भूल जायेंगे कि खुली आँखों से जो कर्त्तव्यपरायणता निभाई जा सकती है वह बन्द आँखों से नहीं।

विचार जब तक मीडिया का प्राणतत्त्व बना रहेगा, समस्त मानवता के प्रति संवेदना भी उतनी जागृत एवं जीवन्त बनी रह पायेगी। तभी हम जान पायेंगे कि मीडिया में फीचर, अग्रलेख, सम्पादकीय व तमाम तरह की रिपोर्ताज के क्या अर्थ होते हैं। उन्हें पढ़ कर कौन सा भाव, कब हमें क्या प्रेरणा दे सकता है। जीवन और मरण के क्या अर्थ हैं। क्या जीवन का अन्त मरण ही है या मरण भी जीवन की विराट परिभाषा से कहीं जुड़ कर रह जाता है।

इतिहास जीवन की एक कड़ी ही होता है। 'मरण' भी जन्म-जन्मान्तरण की एक ऐसी कड़ी बन जाता है जब हमें बोध होता है कि मरण के पश्चात् भी जीवन का पुनः प्रारम्भ ही होना है। तभी तो हम एक अच्छे उद्देश्य के लिए जीवन को भी मौत की बलिवेदी पर कुर्बान करते आये हैं। तभी हम अपने जीवन की ध्येय

निष्ठा का कभी भी हरण नहीं होने देते।

राष्ट्र स्वतन्त्रता प्राप्ति का संकल्प, पत्रकारों के लिए एक त्यौहार की भाँति था। त्यौहार उनकी वैचारिक ऊर्जा की आस्था पर मनते थे। इसी ऊर्जा ने विचारोत्तेजक पत्रकारिता को नयी दिशा दी। दैनिक महारथी में 20 नवम्बर, 1930 को लाला लाजपतराय की स्मृति में एक विचारोत्तेजक लेख प्रकाशित हुआ था, जिसे पढ़कर आज भी मन में एक नया उत्साह और जोश पैदा होता है। यह लेख दैनिक महारथी के सम्पादक श्री रामचन्द्र शर्मा ने लिखा था। लेख की वैचारिक ऊर्जा द्रष्टव्य है–

''तुम जाओ चाहे रहो तुम अमर हो गये हो। परन्तु हम तुम्हें यह सन्देश देना चाहते हैं कि आज उन मोटी लाठियों की चोटों को देश का बच्चा-बच्चा अपनी छाती पर झेलने को तैयार है। यह लाठी कब टूटेगी और इस लाठी को अभी और कितनी कायरी प्रदर्शित करना है, ये तो देश देखेगा। ये देश के बन्धुओ! अपने हृदय को टटोलो। अपने मन के द्वारों को खटखटाओ, क्या लाठियों को तुम प्यार करते हो, जिस पर वह नरसिंह जूझ मरा। क्या तुम्हें मालूम है कि करोड़ों ईसाई उस क्रूस को प्रेम और आदर से क्यों चूमते हैं और परम पवित्र समझते हैं जिस पर हत्यारों ने ईसा को टाँग कर मारा था, जो उसे स्वयं ढोना पड़ा था। उसमें क्या ईसा के प्राण नहीं, ईसा का जीवन नहीं, ईसा की आस्था नहीं? हम कहते हैं हम ईसाई नहीं, परन्तु फिर भी हम कहते हैं कि उस क्रूस में ईसा का निवास है। और इसलिए हम यह कहते हैं कि पुलिस की प्रत्येक लाठी में लाजपत बस रहा है। जब और जितनी बार लाठी आपके सिर पर बरसे, आप समझें कि ब्रिटिश साम्राज्य की प्रतिष्ठा पर चोट पड़ी और आपके सिर को उस श्रेष्ठ पुरुष ने छूकर आशीर्वाद दिया। जब-जब आप लाठियाँ खा कर धरती पर गिरें तो समझिए कि ब्रिटिश साम्राज्य का मान मिट गया और आप लाजपत को प्रणाम करने को झुके हों।''[5] वैचारिक धरातल पर यह लेख भावों और विचारों की अमूल्य पूँजी है। आज भी इस पूँजी से हमें प्रतिदान में मिलता है, राष्ट्र प्रेम और मिलता है, त्याग तथा समर्पण का ऐसा उत्कट भाव, जिससे जीवन में कभी भी कोई विलग नहीं होना चाहेगा। हमें इस भाव और विचार सरणी पर चल कर एहसास होता है कि जीवन की वास्तविक सार्थकता किस में है। इस लेख को पढ़ कर हमारे अन्दर जो प्रश्न उभरते हैं, वे समस्त त्याग तथा राष्ट्र प्रेम से ओत-प्रोत हैं। ये प्रश्न हमें इस बात का एहसास कराते हैं कि पराधीनता कितनी बड़ी सजा है और उससे मुक्त होने के लिए स्वतन्त्रता प्राप्ति के

उन समर्थक विचारों से जुड़ना पड़ेगा जो अन्ततः स्वतन्त्रता प्राप्ति में, हमें प्रेरणा का सम्बल दे पाये। इन्हीं ओजस्वा विचारों को पढ़कर कितने ही देशभक्तों ने लाला लाजपतराय की भाँति हँसते-हँसते मृत्यु का वरण किया ताकि स्वतन्त्रता की बेड़ियों में जकड़ी भारत माता को मुक्त किया जा सकता। आज भी मीडिया में विचारों की अचूक उपस्थिति से, हर मन और आत्मा को ओजस्वी बाना पहनाया जा सकता है। अतः मीडिया प्रबन्धन के लिए विचारों और भावों की कितनी आवश्यकता है। इसका अन्दाज हम सहज में लगा सकते हैं। इलेक्ट्रॉनिक व प्रिन्ट मीडिया को पहचान, वास्तव में विचारों से मिलती है। विचार प्रधान पत्रकारिता को सही दिशा प्राप्त होती है जबकि भावों और विचारों के अभाव में मीडिया दिशाहीन बन कर रह जायेगा जब मीडिया ही दिशाहीन होगा तो वह कैसे सन्मार्ग के पथ पर हमारी अगुवाई कर सकेगा।

मीडिया में उच्च विचारकों के विचार मंथन को यथेष्ट स्थान दिया जाना चाहिए ताकि हमें यह बोध हो सके कि एक विचारक हमें कैसे दिशा दे सकता है। विचारकों की सोच और उदात्त समन्वयभाव से ही महाकाव्य या महापुराणों की सृष्टि हुई है और यह परम्परा भविष्य में भी अक्षुण्ण बनी रहनी चाहिए। इनके पठन-मनन से ही तो हमारे भीतर विचारों की सरिता बहने लगती है। मीडिया की भावभूमि को भी अन्ततः विचारों का यही हवा-पानी सींचता रहेगा।

सन्दर्भ

1. विचार पत्रकारिता प्रेरित विकास पत्रकारिता : प्रो. सूर्य प्रकाश दीक्षित 'संचार श्री' शोध पत्रिका, पत्रकारिता एवं जन संचार विभाग लखनऊ विश्वविद्यालय, सम्पादक डॉ. रमेश चन्द्र त्रिपाठी, पृ. 2
2. पत्रकारिता एवं जन सम्पर्क, टीडी, एस आलोक, अनामिका पब्लिशर्स एण्ड डिस्ट्रीब्यूटर्स दरियागंज, नई दिल्ली-90
3. मनुष्य का विराट रूप : आनन्द कुमार, पृ. 65
4. धर्मयुग, 16 अक्तूबर, 1992, पृ. 5 'पुरस्कृत पत्र' लेखक श्रीकान्त कुलश्रेष्ठ (महाराष्ट्र)
5. लेख : दिल्ली की हिन्दी पत्रकारिता : अतीत और वर्तमान, पुस्तक : हिन्दी पत्रकारिता : विविध आयाम : सं. डॉ. वेद प्रताप वैदिक, पृ. 191-192, प्रकाशन : हिन्दी बुक सेन्टर, दिल्ली।

विदेशी मीडिया का आगमन एक प्रश्नचिह्न

पराये राष्ट्र का गौरव, क्या हमारा गौरव बन सकता है?

देश में विदेशी मीडिया के आगमन के प्रति सहमति का भाव अपने आप में एक खतरनाक खेल है। बिना राष्ट्रहित की चिन्ता किये यदि तथाकथित उदारवादी सोच को हम सहजता से स्वीकारते रहे तो देश पराधीनता की राह पर पटक दिया जायेगा। और अपनी अस्मिता की पहचान को नष्ट करता हुआ देश शायद ही फिर कभी अपना भाग्य सँवार सके। देश में विदेशी मीडिया को किसी भी प्रकार का सहयोग देना न्यायसंगत एवं बुद्धिसंगत निर्णय नहीं हो सकता। हम भले ही आज ग्राम की सुखद कल्पना में जी रहे हों, पर यह विश्वग्राम मानवीय संवेदना से शून्य है। संवाद भले ही विश्व के ओर-छोर को समेटने में सक्षम हो चला हो, पर भौतिकवाद की तपन के आगे हार्दिक संवेदना की ऊष्मा शीतल ही होती जा रही है। हम ही देशकाल पर विजय पाने का कितना ही श्रेय बटोरते फिरें पर हार्दिक जुड़ाव वाला हमारा मन संवेदना शून्य ही है।

भौतिक उपलब्धियों के सहारे जुटाया गया संवाद उस उदार मन का कहीं भी पोषक नहीं है जिसे हमने दूरी-मिट्टी के अटूट बन्धनों के बावजूद पूरे विश्व को ग्राम नहीं बल्कि एक परिवार की संज्ञा दी थी। अपने-पराये के भेदभाव की दीवारों को यत्नपूर्वक गिरा कर हमने ही पूरे विश्व (वसुधा) को एक कुटुम्ब की संज्ञा दी थी। आज ऐसे उदार मन की उद्घोषणा का स्वर हमें कहीं भी सुनाई नहीं पड़ता। स्वार्थ परायण हुआ हमारा मन आज हिंसक होकर रक्तगत सम्बन्धों को ही ठीक से परिभाषित नहीं कर पा रहा है। स्वार्थ जब से प्राणों में घुसा तब से ही भाई के लहू का प्यासा भाई ही हो गया है। विश्व के राजनीतिक रंगमंच पर अवश्य ही उलट-फेर हुआ है, परन्तु हमारे आस-पास व्याप्त विषमता और शोषण में कहीं कोई परिवर्तन दिखाई नहीं पड़ता। स्वाधीतना और जीवन को समझने व परखने की

दृष्टि से हम वंचित हैं, इसीलिए देश में हर स्तर पर दिशाहीनता का भाव व्याप्त है। मानवीय कल्याण का विवेक अब बचा ही कहाँ है। यदि कुछ शेष है तो वह है गला काट स्पर्द्धा। इससे बच सकें ऐसे सत्परामर्श का विचार भी जब हमारा नहीं रहेगा, वह भी विदेशी हो जायेगा तो हम अपने विवेक के फिर क्या पक्षधर रह पायेंगे।

मनुष्य आखिर है क्या? एक विचारों का पुंज ही तो है। विचार की यह सम्पदा, मनुष्य को आखिर मिलती कहाँ से है? हमारी संस्कृति, हमारे संस्कार ही तो आखिर हमारी मनुष्य होने की जड़ों को पोषित करते हैं। हमारी मनुष्यता अपने देश के परिवेश की कोख से ही तो जन्मती है। उस जनने की पीड़ा के बाद जो सृजन होता है आखिर वही तो हमारा व्यक्तित्व होता है। इस व्यक्तित्व को उधार की कोख के संस्कारों से तो जन्म नहीं दिया जा सकता। व्यक्तित्व की पहचान भी तो आखिर अपने परिवेश से ही सम्भव होती है अन्यथा बाह्य परिवेश में बनाये गये आरामघर में भी हमें बेआरामी का दंश झेलना पड़ेगा। उस पराये परिवेश के हवा-पानी हमारे स्वास्थ्य और निजी पहचान के लिए कभी वरदायक सिद्ध नहीं हो सकते। हिम भूमि के कवि सुदर्शन व वशिष्ट द्वारा रचित ये काव्य पंक्तियाँ कितनी सार्थक जान पड़ती हैं कि—

फिर तुम अपने गाँव लौटो
राजा या मन्त्री बनकर
जाना चाहो उसी गली में जहाँ खेले
उस खेत में जहाँ मक्की चुराई
उस घराट में जहाँ स्कूल से छिपे
सोना चाहो उन खिन्द गूदड़ों में
जहाँ सपने बुने।

जाने न दें अंगरक्षक तुम्हें
उस घर में मिट्टी से सनी
उस जगह, जहाँ माँ से बिछुड़े
रहो तुम आरामघर में बेआराम
ऐसा भी हो सकता है।

हमारी चाहना का कोई भी आरामघर उन संवेदनाओं की ही तो अभिव्यक्ति है,

जिन संवेदनाओं के पालने में व्यक्ति झूलता है, अपने परिवेश के संस्कारों को ओढ़ता है। जिस आँगन में व्यक्ति का बालपन खेलता है, जिस गोद में पल-बढ़ कर वह बड़ा होता है, जिस वृक्ष-लताओं की सनसनाहट का सुख, माँ की लोरियाँ बनती हैं, ऐसा यह परिवेश उस मातृभूमि का ही होता है जिसे हमारे भाषाविदों ने 'स्वदेश' का नाम दिया है और यह स्वदेश, विदेशी घालमेल से क्या अक्षुण्ण बना रह सकता है? 'विदेशी पत्रकारिता' के आगमन को स्वीकारने की चाह को आखिर इन प्रश्नों से आमना-सामना तो करना ही पड़ेगा। और हम आज विवश भी हो ही गये हैं, विदेशी संस्कृति और संस्कारों के लिए कुछ प्रतिशत के मूल्यांकन के आधार पर जो द्वार हमने खुले छोड़ दिये हैं या आधुनिक प्रौद्योगिकी ने जिन द्वारों को खुला छोड़ने के लिए हमें विवश कर दिया है, उसके फलस्वरूप जो ज़मीन हमारे पाँव तले खिसक गयी है, उसे देखने की खुली आँखों को, हमने स्वयमेव सूरदासी पट्टी बाँध ली है। विशेष मोह-विमोह के प्रलोभनों के रहते हम महाभारत की गान्धारी सा मन लिये अपनी आँखों पर जिन मान-मर्यादाओं की पट्टी बाँधने को विवश हैं, उस सोच के रहते, हम न तो विश्व ग्राम के वासी बन पायेंगे और न ही अपने परिवार की उच्च मान्यताओं के बीच रहने के दैवी सुख को बटोर सकेंगे। करुणा, मैत्री, सद्भाव के ताप की स्निग्धता से हमारे व्यक्तित्व पर जमी यह बर्फ क्या कभी पिघल पायेगी? इसमें सन्देह है।

घर तो केवल घर होता है
घर ख्वाबों का बिस्तर होता है।

इस उदात्त संवेदनाओं से क्या विदेशी विचार की कोख से उपजी मान्यताएं हमें जोड़ पाएंगी। विदेशी कूटनीति की बिसात पर क्या हम उन सीमाओं के चोर दरवाजों को बन्द कर पायेंगे? जिन चोर दरवाजों से घुसपैठ करके कोई विदेशी हमारी अस्मिता को नष्ट-भ्रष्ट करने के षड्यन्त्र का अविरल ताना-बाना बुनता रहता है। हर राष्ट्रवाद की अपनी एक अस्मिता होती है जिसके रक्षण के लिए दूसरे राष्ट्र की प्रतिभा कभी हमारे लिए उपयोगी सिद्ध नहीं हो सकती। दूसरे राष्ट्र की सम्पदा, दूसरे राष्ट्र का गौरव, दूसरे राष्ट्र की वीरता, हमारे राष्ट्र का यश कैसे हो सकता है! प्राणपन से अपने राष्ट्र पर न्यौछावर होने वाला कोई वीर योद्धा हमारे राष्ट्र के ललाट पर अपने यश का तिलक लगाना क्या स्वीकार करेगा? शायद नहीं। विदेशी पत्रकारिता का अवदान हमारी स्वदेशी पत्रकारिता के मूल्यों का आभूषण कैसे बन सकता है?

प्रश्न है क्या कोई विदेशी, इस देश में भारतीयता के मूल्यों को समक्ष रख कर किसी भी भारतीय भाषा में कोई पत्र-पत्रिका निकालना चाहेगा। विदेशी तो विदेशी भाषा को ही अधिमान देगा। माना कि भाषा-ज्ञान सम्पदा कोष होती है, ऐसी स्थिति में भारत की ज्ञान सम्पदा से हम क्यों अपरिचित हैं। भारत की ज्ञान-सम्पदा इतनी समृद्ध है कि उससे ज्ञान के किसी भी द्वार पर दस्तक दी जा सकती है। एक दृष्टि से देखें तो यह एक असहिष्णु कूपमण्डूक और दोषपरक निकट दृष्टि है और उस विराट संस्कृति का अपमान है जिसके द्वारा हमने विश्व को एक ग्राम नहीं बल्कि परिवार माना। जबकि मीडिया, विश्व परिवार की इस भाषा को न गढ़ करके नयी विश्व ग्राम की परिभाषा गढ़ने में लगा है और इसी के मध्य से राष्ट्रवाद के परिप्रेक्ष्य में राष्ट्रवाद के अन्तर्गत मीडिया और भी गहरा हो गया है। राष्ट्रनिष्ठा का सम्बन्ध भाषा, भूमि और संस्कृति से इस कद्र एक हो गया कि मीडिया भी आज समस्त प्रौद्योगिक प्रगति और उपदानों को स्वीकारने के बावजूद विदेशी पत्रकारिता की दस्तक को अपने देश के द्वार पर सुनने को तत्पर नहीं है। मीडिया में शक्ति भी है और विचार भी। शक्ति और विचार बल से सम्पन्न मीडिया क्या विश्व की एकता का आधार बनना तय नहीं करेगा? अथवा क्या मीडिया का विचार बल और शक्ति सत्ता मात्र राष्ट्रवाद पर ही केन्द्रित हो कर रह जायेगी।

राष्ट्रवाद एक अस्तित्व है, जबकि विश्व ग्राम एक उदात्त कल्पना। पर इस कल्पना के पंख, वैश्विक महाराष्ट्र के उन सभी राष्ट्रों के रंगों की चटख को कैसे स्वीकार कर पायेंगे। हर राष्ट्र की अपनी एक पहचान होती है और उसी पहचान से ही शायद हर राष्ट्र की अपनी राष्ट्रभक्ति एक नयी पहचान ग्रहण करती है। इस राष्ट्र भक्ति ने ऐसी ही पहचान का वस्त्र मीडिया को भी प्रदान किया है। इसलिए मीडिया में विदेशी मीडिया के आगमन के प्रति स्वीकार के कम, विरोध के ज्यादा स्वर मुखर हुए हैं। मीडिया, विशेष कर प्रिन्ट मीडिया, में दो तरह के सम्पादकों की सोच से विचारधारा विकसित हुई है। सम्पादकों का एक ऐसा वर्ग भी है जो विदेशी मीडिया का स्वागत करके इसे एक स्वस्थ प्रतिस्पर्द्धा का आधार मानता है। ताकि पत्रकारिता को एक नया आयाम एवं विस्तार मिल सके। यूँ भी मीडिया की प्राण वायु सूचना है और सूचना का विस्फोट आँखों की पलकें झपकने के समय से भी तीव्र है। ऐसी स्थिति में मीडिया को क्या राष्ट्रवाद की परिधि में रोक कर रखा जा सकेगा।

विश्व कवि रवीन्द्र नाथ ने किस सोच के साथ ये विचार गुम्फित किये थे कि–

जहाँ चित भय से शून्य हो
जहाँ हम गर्व से माथा ऊँचा करके चल सकें।

विश्व कवि शायद इस बात से अवगत थे कि अपने परिवेश में अपनी सांस्कृतिक परिधि के भीतर रहकर ही हमारा चित अभय हो सकता है और गर्व के साथ, उन्नत भाल के साथ, हम गतिशील हो सकते हैं। किन्तु विचार और दार्शनिक भाव से जुड़े प्रिन्ट मीडिया को जब विदेशी हाथों में सौंप दिया जायेगा तो हमारे पास अपना क्या रह जायेगा। क्या हम अपनी धरोहर को कायम रख पायेंगे? अपने देश में विदेशी मीडिया का प्रवेश ही अपने आप में एक हास्यास्पद खेल है। विदेश मीडिया के आगमन की बात उस सरकार के शीर्ष नेताओं द्वारा की गयी है जो स्वदेशी का राग अलापते थकते नहीं थे। सत्ता प्राप्ति के बाद राष्ट्र के प्रति निष्ठाएँ क्यों बदल जाती हैं? इसका उत्तर खोजना शेष है।

प्रश्न उठता है कि विदेशी लोग भारत में ही मीडिया की शुरुआत क्यों करना चाहते हैं। कहीं ऐसा तो नहीं कि आज़ादी से पहले जिस तरह विदेशी पत्रकारिता की शुरुआत करके भारतवासियों को गुलामी की जंजीरों से जकड़े रखने का उपक्रम होता रहा है, अब विदेशी मीडिया के माध्यम से भारतीयों को वैचारिक दृष्टि से गुलाम बनाये रखने का षड्यन्त्र रचा जा रहा हो? यदि ऐसा है तो इसके प्रति आँखें खोलना अत्यावश्यक है। विदेशी जन भारत में विदेशी मीडिया की शुरुआत भी तो अंग्रेजी भाषा से ही करेंगे। विदेशी जन, भारत में राष्ट्रभाषा हिन्दी को क्यों अधिमान देंगे? न ही भारतीय बोलियों में समाचार-पत्रों के प्रकाशन को अधिमान दिया जायेगा। विदेशी मीडिया उस सद्प्रचार को कभी भी प्रचारित नहीं करेगा जिस सद्विचार में भारतीय मानस का परिचय मिलता हो।

विदेशी मीडिया का पहला प्रयत्न एक तो भारतीय संस्कृति पर कुठाराघात करना होगा, दूसरे भारतीय मान्यताओं की अनदेखी करना भी विदेशी मान्यताओं से जुड़े मीडिया की उच्च प्राथमिकता होगी जो गौरांग साम्राज्य के समय से यहाँ होता रहा है। उस समय लॉर्ड डलहौजी थोपे गये सामाजिक-सांस्कृतिक बदलाव की प्रक्रिया का एक अग्रणी प्रतिनायक था। भारतीय पाठकों का बुद्धिहरण करना विदेशी मीडिया का सर्वोपरि लक्ष्य होगा ताकि भारतीय पाठक विदेशी सोच के दास बन सकें। अपने मूल्यों को इस देश में थोपना विदेशी गुटों का भरसक प्रयत्न होगा ताकि वे पुनः सांस्कृतिक विजेता भी बन सकें। भारतीय पाठकों का बुद्धिहरण करने तथा सांस्कृतिक विजेता बनने के लिए विदेशी मीडिया के पृष्ठों में क्या कुछ

पढ़ने को मिलेगा, इसकी सहज कल्पना की जा सकती है। पहले ही विदेशी समाचार एजेंसियों का वर्चस्व देश में कायम है और इस दिशा में किसी ने कोई प्रश्न उठाया ही नहीं उल्टे विदेशी समाचार एजेंसियों की विश्वसनीयता को ज्यादा महत्त्व दिया जाता है।

विदेशी विचार, विदेशी सम्पदा को पहले ही हम भौतिकवाद के प्रलोभनों के रहते ज्यादा महत्त्व देते हैं। अपने शास्त्रों, आर्ष ग्रन्थों के प्रति हमारे मन में अब सम्मान कहाँ रह गया है? विदेशी भाव और विचार को हम इतना मान दे बैठते हैं कि अपना सर्वश्रेष्ठ भाव भी हमें तुच्छ सा लगने लगता है। आज़ादी के इतने वर्ष बीत जाने के बाद भी अंग्रेजी भाषा और इस भाषा में छपने वाली पत्र-पत्रिकाओं का वर्चस्व आज भी देश में कम नहीं हुआ है। हिन्दी पत्रकारिता के लिए अंग्रेजी भाषाई पत्रकारिता एक मार्गदर्शक का काम करती रही है। हमारे संवाददाताओं के काम करने का नेटवर्क विदेशों में अभी तक नहीं के बराबर है। भारतीय मीडिया इस दिशा में गम्भीर क्यों नहीं?

भारत की प्रभुसत्ता तथा उज्ज्वल परम्परा को क्या विदेशी मीडिया सँभाल पायेगा? विदेशी मीडिया तो देश की प्रभुसत्ता के छिन्न-भिन्न करके रख देगा? अपनी उज्ज्वल परम्परा और संस्कृति की जड़ें तो हमने स्वयं ही खोखली करके रख दी हैं। विदेशी वस्तुओं के लिए विदेशी प्रभाव को स्वीकारते रहने की क्षुद्र सोच को किसी स्तर पर हमने छोड़ा नहीं है। विदेशी सोच के समर्थक मीडिया संचालकों तथा विदेशी ब्राण्ड के भारत के मीडिया के रास्ते से घुसपैठ करने की सोची-समझी नीति से हम अवगत नहीं हैं। न ही इसके पीछे निहित स्वार्थों को हम ठीक से समझ पाने में समर्थ हो रहे हैं। सोच-विचार जो मीडिया के द्वारा हम तक परोसा जाना है, उसके सन्दर्भ में हमें बहुत गम्भीरता के साथ सोचना होगा अन्यथा हम तभी कुछ सोचने लगेंगे जब हमारे फसलों के खेत चिड़ियाँ चुग गयी होंगी। युवा पीढ़ी हमारी मान्यताओं और संस्कारों से पहले ही कोसों दूर है। विदेशी आकर्षण के प्रति हमारी मानसिक दासता क्या किसी से छिपी है? विदेशी हितों की प्रतिपूर्ति में लगा हमारा मानस आखिर इस तरह कब तक विदेशी सोच के चंगुल में जकड़ा रहेगा?

दैनिक ट्रिब्यून ने अपने एक सम्पादकीय में लिखा था कि उदारीकरण और वैश्वीकरण के विकास के चलते जिन सम्बन्धों और विज्ञापन के मध्य एक विस्फोटक स्थिति उत्पन्न हुई है। दोनों साथ-साथ चल रहे हैं। इसके चलते अखबार जगत में बेशक समृद्धि आयी है। प्रायः बड़े-बड़े अखबार समूह पूँजी

बनाने के लिए उतावले हैं। ये समूह पहले ही जीवन के कठोर यथार्थ से दूर जा रहे थे, इनमें आज जीवन के छोटे-छोटे पहलुओं को अधिक स्थान दिया जा रहा है। इसमें आश्चर्य जैसी कोई बात नहीं है, यह तो अखबारों की मार्केटिंग नीतियों का एक हिस्सा है। जिसे अक्सर सम्पादकीय नीति का हिस्सा माना जाता है।''[1] हम भूल रहे हैं कि सूचना का निष्पक्ष व सत्य पर आधारित प्रवाह क्यों जरूरी है? शायद जनहितों के प्रति यह अति जरूरी है तथा स्वस्थ लोकतन्त्र के लिए भी अत्यावश्यक है। हमारे यहाँ सम्पादक संस्था का अस्तित्व ही खत्म हो चला है। प्रबन्ध सम्पादकों की पूँजी बटोरने की भूमिका निस्सन्देह खतरनाक है। पूँजी को यदि किसी ने साधना माना है तो यह सोच भौतिकवाद की देहरी तक हमें पहुँचाती है। इस देहरी पर पहुँचते ही लगता है कि जीवन में भौतिक सुख-साधन वास्तव में पश्चिम की देन हैं जबकि पूर्व का विचार भौतिक न हो कर अध्यात्म की उस देहरी तक हमें ले जाता है जहाँ पहुँच कर हमें लगता है कि जीवन में भौतिकवाद का समस्त मायाजाल एक धोखा है, एक बड़ा छल है, यदि कुछ सच्चाई है तो वे सद्विचार हैं, जो सांसारिक भौतिकता को निस्सार मानते हुए भी परम मानवीय धारणा के प्रति हमारा ध्यान आकृष्ट करते हैं। तभी हम इस वैदिक सत्य को हार्दिक भाव से स्वीकार करते हैं कि 'यद भद्रम तन्नासुव' यानी सद्विचारों को चहुँ दिशाओं से अंगीकार करें।

सद्विचार वास्तव में मानवीय सोच के ऐसे पक्षधर हैं, जहाँ भौतिकवाद की चाहना मात्र साधन भर रह जाती है, जबकि सद्विचारों का ग्रहण तदनुसार आचरण की ऐसी साधना है जो इहलोक में तो हमारे लिए उपादेय है ही, परलोक में भी उसके परम फल के प्रति, हम निरन्तर प्रयत्नशील रहते हैं। साधन और साधना के मध्य का यह सूक्ष्म अन्तर ही ऐसी सोच है जिसके द्वारा हम स्व और निज के सूक्ष्म अन्तर को ठीक से समझ पाते हैं। 'स्व' देशी चिन्तन का उदात्त भाव है जबकि 'निज' उस दूरी का एहसास है जहाँ मन सहित आत्मा कभी रमती ही नहीं। स्वदेशी और विदेशी के मूल विभेद को इसी सन्दर्भ में जाँचा-परखा जा सकता है।

स्वदेश की भावना राष्ट्रप्रेम का ही पर्याय है। स्वदेशी समुदाय के प्रति ऐसा लगाव है जिसमें मानवीय प्रेम का विवेक सदा बना रहता है। इसी प्रेम के फलस्वरूप राष्ट्र की विरासत से हमारा अपनत्व व प्रेम सदा-सर्वदा बना रहेगा। राष्ट्र में रह रहे सभी वर्गों के जन-जन की उन्नति, उनके बीच समानता, स्नेह-सौहार्द बने रहने की कामना ही स्वदेश प्रेम का शुद्ध रूप है। इसी विवेक के रहते राष्ट्र के प्रत्येक जन की स्वाधीनता का भी हरण नहीं होता। इसी विवेक भाव से जहाँ

राष्ट्रीय परिप्रेक्ष्य में स्वदेशी भाव को बल मिलता है वहीं विश्व मंगल की भावना के रहते विदेशी जनमानस से भी प्रेम सदा बना रहता है।

राष्ट्रीयता के इस उदात्त भाव के रहते हम इस निष्कर्ष पर पहुँचते हैं कि राष्ट्र की अपनी सीमा है और सीमाहीन विश्व से यह राष्ट्रीय सीमा मर्यादा में रहकर अपना स्वयं एक अस्तित्व चिह्नित करती है। इसी से राष्ट्रीय एकता को बल मिलता है और राष्ट्र की एक सुनिश्चित पहचान बनी रहती है यह वह बात है जब भगवान राम ने अपने अनुज लक्ष्मण को बड़े गौरव से यह कहा था, जननी जन्मभूमि स्वर्ग से महान होती है। जननी के इस प्रेम भाव के रहते सोने से बनी लंका के प्रति राम ने लगाव रखा ही नहीं। अलगाव की इसी चेतना ने अपने राष्ट्र की सत्ता को सहज गरिमा दी है।

विदेशी और स्वदेशी मीडिया में उक्त विचारों के बीज प्रच्छन्न है। विदेशी राष्ट्रों की संस्कृति और सांस्कृतिक मान्यताएं हमारे ही राष्ट्र की मान्यताओं के समक्ष हमारे आभूषण कैसे बन सकती हैं। हर राष्ट्र की अस्मिता से जुड़े विचार ही राष्ट्र की श्रीशोभा होते हैं। हमारे राष्ट्र का वैचारिक आभूषण उन राष्ट्र की भौतिक सोच के परिचायक हैं। "पाश्चात्य दर्शन में पाश्चात्य विचार में एक चीज बार-बार रही थी प्रोग्रेस यानी प्रगति। हम प्रगति कर रहे हैं। मनुष्य ने मशीनें बनाई, मशीनों के सहारे वह प्रकृति पर विजय पाने में प्रगति कर रहा है, ठीक है? वह प्रगति होगी—सौ साल में, दो सौ साल में, तीन-चार सौ साल में। हम नहीं जानते।

लेकिन भारतीय दर्शन का एक शब्द था, प्रगति से थोड़ा अलग—पूर्णता पाने के लिए सबसे बड़ा मन्त्र सम्पुटित था उसमें यानी आत्म-साक्षात्कार। मगर मेरे सामने सवाल यह था, आज इस अधूरी दुनिया में रहते हुए, इन अधूरे संघर्षों में जीते हुए, इन छद्म छलनाओं में भरमाये जाते हुए भी, क्या मैं पूर्णता प्राप्त कर सकता हूँ। क्या पूर्णता का क्षण मुझे मिल सकता है? क्या मेरा लेखन, उस पूर्णता की अभिव्यक्ति, आंशिक रूप से सही, कभी बन सकेगा? उस पूर्णता के लिए सबसे पहले क्या मैं साहसपूर्वक आत्म-साक्षात्कार कर सकता हूँ।"[2] आत्म-साक्षात्कार करने, छलनाओं और भ्रमों में न जीने की दृष्टि स्वदेश धर्म का प्रथम पाठ है।

भारतीय मनीषा, भारतीय संस्कृति का परम भाव रहा है कि 'आत्मवत् सर्व भूतेषु' यानी आत्मा सर्वभूत है और जो सर्वभूत है वही आत्मा है पर ये वैचारिक उदारता क्या विदेशी संस्कृति में देखने को मिलती है। शायद नहीं। विदेशी सोच में व्यक्ति की पूर्णता भौतिक सोच पर आधारित रही है, जबकि हमारी पूर्णता मानवीय विकास की उच्च मान्यताओं में निहित है। इस सांस्कृतिक विभेद के

रहते क्या विदेशी मीडिया का आगमन न्यायसंगत होगा? शायद नहीं। "देश में सर्वाधिक संवेदनशील क्षेत्र में विदेशियों को सीधे निवेश की अनुमति प्रदान करना, जो कि सीधे तौर पर नागरिकों के स्वतन्त्र रूप से सोचने के मौलिक अधिकार से जुड़ा है, घातक कदम होगा"[3] यूँ भी भारतीय मीडिया ने स्वस्थ लोकतान्त्रिक परम्पराओं की स्थापना में अपना महनीय योगदान दिया है।

भारतीय मीडिया ने विषम परिस्थितियों में एक सचेतक की भूमिका निभाई है। भविष्य में भी भारतीय मीडिया से इसी की अपेक्षा है और इसी यथार्थ के परिप्रेक्ष्य में भारतीय मीडिया किसी भी बड़ी चुनौती का सामना करने में सक्षम है। राष्ट्रीय हितों के संरक्षण में मीडिया के महत् दायित्व को विस्मृत करना हमारी एक बड़ी भूल होगी। विदेशी मीडिया की देश में सीधी पहुँच को स्वीकार करने से राष्ट्रीय हितों का बलिदान कर देना भी क्या न्यायसंगत होगा। देश के लघु तथा मध्यम श्रेणी के समाचार-पत्र भी इससे प्रभावित होंगे, इस श्रेणी के समाचार-पत्र विदेशी मीडिया के वर्चस्व के रहते लगभग मरणासन्नता की स्थिति में पहुँच जायेंगे। वैचारिक धरातल पर देश को एक अपरोक्ष युद्ध में लड़े जाने वाले इस युद्ध के परिणाम भी भयानक होंगे। हमारा आज और भविष्य पूर्णतः धूमिल होकर रह जायेगा। "साहित्य, कला और संस्कृति की थाती को नवीनता की अनगढ़ कलमों तथा तूलिकाओं से रंजित किया जा रहा है किन्तु यह नवीनता खरोच मात्र उत्पन्न कर रही है—हृदय को स्पंदित नहीं कर रही है। किसी राष्ट्र की प्रगति केवल रोटी, दाल, कपड़ा और मकान से नापने की प्रक्रिया भारतीय नहीं, विदेशी है। शाश्वत सौन्दर्य, शील, शक्ति का अधिष्ठान भारतीय की पहचान है।"[4] जब भी अपरिपक्व सोच आधिपत्य हो जाता है, उसके परिणाम सार्थक कैसे हो सकते हैं? सोच से ही आचरण सम्भव हो सकता है पर हमारी सोच पर विदेशी सोच के प्रदूषण का मल व्याप्त है। विदेशी सोच ने राष्ट्र के जन-मन में स्वामित्व व अधिकारों की अलख जगा रखी है, जबकि देश को सच्ची सेवा के आदर्श को आत्मसात् करने की प्रबल आवश्यकता है। सेवा धर्म में सदैव परमार्थ का हित समाहित रहता है, स्वार्थ में सेवा धर्म के लिए कोई स्थान नहीं होता।

पत्रकारिता का यह सर्वोपरि कर्त्तव्य है कि वह देश के नेताओं, वैज्ञानिकों, शिल्पियों, कलाकारों एवं हर क्षेत्र में कार्यरत बुद्धिजीवियों को ऐसी सद्प्रेरणा दे, जिससे इन राष्ट्र स्तम्भों में नये बल का संचार हो। "जिस देश में विदेशी वस्तुओं के बहिष्कार के लिए खून की होली खेली गयी थी, वह देश आज अपने सारे

दरवाजे और खिड़कियाँ खोल कर बैठ गया है जिसमें पश्चिम की आँधी बड़े वेग के साथ घुस कर हमें आन्दोलित कर रही है। मज़बूत, अपने साधन के अनुसार स्वानुभूति से उपयुक्त सृष्टि करता है तो श्रीमन्त होता है, किन्तु कमज़ोर अनुकरण करते हैं, तो वह अनुकृति मरकट का स्वाँग होती है। हम इस तरह से विकसित देशों की नकल कर रहे हैं कि हमारा मूल ही नष्ट होता जा रहा है।

इस विनाश को बढ़ावा मिल रहा है दूरदर्शन, सिनेमा के जनप्रिय माध्यम से। यह माध्यम मार काट, लूट पाट, शील हरण, अश्लील अज्ञात, अप्रासंगिक और अवांछित दृश्यों द्वारा युवकों के हृदय पटल को ऐसा भावरंजित कर रहा है जिससे शान्ति को अशान्ति का, राज्य को अराजकता का और कर्म को दुस्साहसिकता का सन्देश मिल रहा है।

इस सांस्कृतिक हमले पर बुद्धिजीवियों की कलम कुण्ठित है, जो सत्य का सत्व प्रतिष्ठित करना चाहते हैं, उनका संरक्षण कहीं भी नहीं है और उनकी कृतियाँ प्रकाशित भी हो जायें, तो कोई पढ़ने वाला नहीं है, किन्तु जो राजनीतिज्ञों को अनुगामी तथा महान बुद्धिजीवी हैं, वे प्रच्छन्न रूप से सरकारी साधन का दुरुपयोग अपने हित में कर रहे हैं। देश में क्रान्ति की प्रतिष्ठा करने वाले लेखक नहीं के बराबर हैं। आज साहित्यकार धन और सत्ता पाने के मूल लक्ष्य के रहते अपना ईमान, अपना अस्तित्व तथा सर्वस्व गुरु-गरिमा तक बेच देने के लिए तत्पर हैं। विदेशी सम्मोहन के पीछे हमारा भौतिक चिन्तन ही उत्तरदायी हो गया है।

विदेशी मीडिया के आगमन का हम जब मन से स्वीकार लेंगे तो जो कुछ मान्यताओं की चिन्ता के नाम पर हमारे समक्ष शेष है, हम उससे भी वंचित हो जायेंगे। इन्टरनेट ने यूँ तो विश्वग्राम की कल्पना को साकार कर दिया है। अब स्वदेशी और विदेशी नाम का विभेद तो रहा नहीं और सूचना के क्षिप्र विस्फोट के समक्ष यह विभेद शायद रहेगा भी तथापि कोई राष्ट्र अपनी अस्मिता सहज में खो पायेगा? हर राष्ट्र की संस्कृति, सभ्यता, परम्पराएँ, विकास की राहें, भाषा-बोली आदि तो भिन्न है ही, उन्हें क्या विदेशी राष्ट्र विश्वग्राम की उदात्त परिकल्पना के साथ आत्मसात् कर सकेंगे? आज जो मत्स्य न्याय के आधार पर हर देश दूसरे देश को छोटी मछली समझ कर निगलने को तत्पर है, क्या इस चूहा दौड़ की होड़ से कोई विश्व-राष्ट्र को विलग कर सकेगा।

राष्ट्र जननी का एक पावन स्वरूप होता है और हर जननी की कोख से उसकी अपनी सन्तान ही पैदा होती है। कोई जननी, किसी दूसरी माँ की सन्तान

के लिए कैसे अपनी मातृ अस्मिता लुटा सकेगी। सन्तान उत्पत्ति का घालमेल पूरे विश्व की माँ के लिए वैज्ञानिक आधार पर कभी भी स्वीकार्य नहीं हो सकता। भले ही इस दिशा में विज्ञान कुछ भी खोज डाले। हमारी मनीषा ने जननी, जन्मभूमि को स्वर्ग प्राप्ति की परिकल्पना से भी महान माना है। भगवान राम ने भी तभी अपने अनुज लक्ष्मण को स्पष्ट शब्दों में कहा था कि लंका पर विजय प्राप्त करने के बाद भी यह सोने की लंका मुझे भाती नहीं है। जननी और जन्मभूमि क्यों स्वर्ग से महान होती है।

राष्ट्र प्रेम का उत्स लोक भाषा में भी सहज दिखाई देता है। एक लोक रचनाकार के यह शब्द कितने सारगर्भित एवं अर्थकर प्रतीत होते हैं कि—

लीपड़ी-शीफड़ी आपणी माँ।
ढेक ढूँकर आपणो देश।

यानी अपनी माँ भले ही सुन्दर न हो, उसका कुरूप व बेढंगा जीवन भी उसे माँ के परम पद से वंचित नहीं करता। उसी तरह अपने देश की भौगोलिक स्थितियाँ भले ही आरामदायक न हों पर जन्मदात्री माँ तथा राष्ट्र जननी की अतुल अंक सदैव सुखदायी होती है। राष्ट्र प्रेम के ये उदात्त मूल्य जब तक मीडिया में आत्मसात् नहीं होते, मीडिया जब तक राष्ट्र संस्कृति व मूल्यों के परिधान में सुसज्जित नहीं होता, तब तक वह मीडिया राष्ट्र के लिए उपयोगी, विश्वसनीय एवं सम्मानजनक नहीं हो सकता। यूँ भी मीडिया की प्रकृति खुलेपन पर आधारित होती है। सूचना सूर्य की ऐसी चिलकोर किरण है, जिस पर किसी प्रकार का आवरण अधिक देर टिका नहीं रह सकता और न ही टिकना चाहिए। हाँ सूचना की अर्थवत्ता अपनी बोली, अपनी भाषा, अपनी संस्कृति के मूल्यों के बाने में राष्ट्र के लिए अवश्य अमूल्य धरोहर सिद्ध होती है।

विदेशी मीडिया के स्वागत के लिए आतुर कुछ तथाकथित चिन्तक राजनेता और मीडिया विशेषज्ञ क्या यह भली-भाँति महसूस नहीं कर रहे हैं कि हमारे मीडिया के ढेर सारे चैनलों तथा असंख्य पत्र-पत्रिकाओं ने किस प्रकार के मीडिया धर्म को ओढ़ लिया है।

विदेशी सभ्यता और संस्कृति के अन्धे अनुकरण के रहते हमारे पत्र-पत्रिकाओं का चेहरा किस कदर विकृत हुआ है, इनके मुख पृष्ठों पर छपे मातृशक्ति (नारी) के अर्धनग्न, लगभग पूरे के पूरे नग्न चित्र, क्या भारतीयता के परिचायक हो सकते हैं? पूँजी और तथाकथित प्रसार संख्या की अन्धी होड़ में मीडिया प्रबन्धन का

भौतिक और मानसिक दोनों स्तर पर विकृत अर्थशास्त्र क्या देश की सभ्यता और संस्कृति के अनुकूल अपनी गरिमा बना पा रहा है? ढेर सारे चैनलों की मीडिया प्रबन्धन नीति, क्या राष्ट्र की संस्कृति के अनुकूल ठीक बैठ पायेगी? मूल्यों को निर्धारित करने वाले धर्म और सामाजिक नियमों को छोड़ कर देशी-विदेशी चैनल जिन दृश्यों, समाचारों-विचारों को चौबीसों घण्टे हमारे घरों तक पहुँचा रहे हैं क्या इनसे बड़ी मनुष्यता की चेतना, राष्ट्र संकट से हमें उबार पर रही है?

क्या मीडिया देश में गम्भीरता के साथ अपनेपन की गहरी समझ को विकसित कर रहा है? शायद मीडिया प्रबन्धन में वह दृष्टि है ही नहीं जो मीडिया की सृजनपरक रचनाधर्मिता को आन्तरिक संस्कार के साथ अपनी धरती की जड़ों तक पहुँचने में हमारा मार्गदर्शन कर सके। मीडिया में वे चिन्तक हैं ही नहीं जो सृजन प्रतिभा को आन्तरिक शक्ति का सम्पुट दे सकें। जिसके बल पर मीडिया का हर शब्द नयी अर्थवत्ता के साथ देश तथा मानवता के उद्धार की वकालत कर सके।

मीडियाकर्मी यदा-कदा बड़ी उदारता की बातें करेंगे, विश्व को बदल देने की सीख भी दे डालेंगे। यदा-कदा राष्ट्र को पानी पी-पी कर कोसते भी उन्हें लज्जा नहीं होती पर इसके विपरीत अनेक व्यक्तिगत आचरण हमें जीवन के हर स्तर पर शर्मसार करते दिखते हैं। छोटी-छोटी बातों पर उनका रोब-दाब और उत्तेजना सदा हतप्रभ करती है। छोटे-छोटे राग-द्वेष पाले हुए मीडियाकर्मी कैसे विश्वग्राम की देहरी पर अपने कदम टिका पायेंगे?

शुद्ध मन वाले और श्रेष्ठ मीडिया रचनाकरों की देश को अभी बड़ी जरूरत है। साहित्यिक वातावरण और संस्कारों से सनी पत्रकारिता अब दूर की कौड़ी बनकर रह गयी है। ऐसी दारुण स्थिति के रहते क्या विदेशी मीडिया की घुसपैठ या सहज आगमन राष्ट्रहित का विधायक हो सकेगा? शायद नहीं। जिन राष्ट्रनायकों ने अपना सर्वस्व खोकर देश की अस्मिता, गरिमा, स्वतन्त्रता और भारतीय जनजीवन के लिए अपना बलिदान तक कर दिया, जिन राष्ट्र भक्तों ने अपने आदर्श चरित व योग्य नेतृत्व से देश के जन-जन की भावनाओं, धारणाओं, कल्पनाओं को नयी दिशा दी जो देश के बड़े सांस्कृतिक नेता, नैतिकता के पोषक तथा राष्ट्र निर्माता तथा उद्धारक थे, क्या उनके स्वप्नों के अनुकूल विदेशी मान-मर्यादा को सहज में स्वीकार करके, अपने राष्ट्र का हर प्रकार का उत्थान हम कर पाने में समर्थ होंगे?

हमारे राष्ट्र नायकों ने देश की जनता के मार्गदर्शन के लिए जन चेतना को जीवन्त रखने और जागृत करने के लिए पहले पत्रकारिता को मिशन भाव से

स्वीकार किया था। उनका लक्ष्य मिशन से हट कर पूँजी बटोरने की कवायद में व्यस्त पत्रकारिता कभी नहीं रही। राजनीति भी उनके लिए पत्रकारिता के प्रवेश द्वार से सेवा का एक बड़ा मंच बनी। ऐसी स्थिति में विदेशी मीडिया जिसका एक मात्र लक्ष्य राष्ट्र की अस्मिता पर चोट करना, संस्कृति की जड़ों को खोखला करना है, देश में उसके आगमन को क्या हम न्यायसंगत करार दे सकते हैं?

पत्रकारिता यानी मीडिया चाहे प्रिन्ट हो चाहे इलेक्ट्रॉनिक उसका मूल स्वभाव राष्ट्र उत्थान के परिप्रेक्ष्य में कैसा होना चाहिए, यह एक गहरा और आँखें खोलने वाला प्रश्न है, जिसका उत्तर हमें स्वयं खोजना होगा।' 'सर्वे भवन्तु' सुखिनः वाला, विश्व को निरामय देखने वाला देश। महात्मा गाँधी के कर्मजयी नेतृत्व में आज़ाद हुआ और भारत के अनादि धर्म, सत्य, अहिंसा को आधुनिक जटिल विश्व में भी सभी समस्याओं के निदान का साधन सिद्ध किया। आज उसी देश में न तो सत्य के पक्षधर हैं। न अहिंसा के पक्षधर। वाणी से सभी सत्य और अहिंसा का वितान खड़ा कर रहे हैं।''[6] यही वितान मीडियाकर्मियों ने ओढ़ रखा है। मीडियाकर्मी सत्य और तथ्यों के जोड़ में सत्यम, शिवम, सुन्दरम् के आदर्श को अंगीकार करने के लिए तत्पर ही नहीं हैं। जिस देश के जन का जनतन्त्र से विश्वास उठ चला हो क्या उस देश के सर्वजन के लिए विदेशी मीडिया सत्यम, शिवम, सुन्दरम् का अमीय घूँट पिला सकेगा।

हमारा देश विविधता में एकता के स्वप्न में जीने वाला देश है। यहाँ अशिक्षित, अर्धशिक्षित एवं शिक्षित वर्ग का एक बड़ा समाज है। इस समाज की अपनी जरूरतें हैं, जिन्हें इसी देश में हम पूरा कर सकते हैं, पर मीडिया ने अपने एकमात्र अर्थ पर आधारित प्रबन्धन के माध्यम से विज्ञापनों का जो मायाजाल खड़ा किया, उसने आम आदमी की बुद्धि का हरण करके उसे भौतिकवादी सोच का पिछलग्गू बना डाला है। छोटे रजतपट पर यौन प्रदर्शन का पश्चिमी और आसुरी अनुकरण अक्सर ऐसा है कि प्रेम निवेदन, चूमाचाटी, मैथुनेच्छा की फूहड़ उत्प्रेरणा हमारी युवा पीढ़ी को सहज ही अपने चंगुल में फँसा रही है। प्रिन्ट हो या इलेक्ट्रॉनिक मीडिया दोनों से सेक्स कामना को जीवन का लक्ष्य बना डाला है। मीडिया के द्वारा जो कुछ सीख मिल रही है, उसके रहते शुद्धता, शुचिता के लिए कोई स्थान नहीं रह गया है। ऐसी स्थिति के रहते विदेशी मीडिया के आगमन की कतरब्योंत के बाद अब शेष रह भी क्या गया है? जो आना शेष है, वह भारत का स्वरूप नहीं, विदेशी जीवन शैली का आसुरी सोच पर आधृत आचार ही होगा।

सन्दर्भ

1. विदेशी मीडिया : सत्ता के सौदागरों का खतरनाक खेल, हरिजय सिंह दैनिक ट्रिब्यून, 13 नवम्बर, 2000, सम्पादकीय पृष्ठ।
2. अक्षर : अप्रैल-सितम्बर, 1991, सम्पादक : प्रभाकर श्रोत्रीय, पृष्ठ 18 : भारत की सृजन यात्रा : तलाश एक सार्थकता की। डॉ. प्रभात से एक अन्तरंग बातचीत।
3. विदेशी मीडिया : सत्ता के सौदागरों का खतरनाक खेल : सम्पादकीय पृष्ठ दैनिक ट्रिब्यून : हरिजय सिंह, 13 नवम्बर, 2000।
4. स्वाधीन भारत : लेखक सुधाकर पाण्डेय, पृ. 54, वाणी प्रकाशन, नई दिल्ली।
5. स्वाधीन भारत : लेखक सुधाकर पाण्डेय, पृ. 59, वाणी प्रकाशन, नई दिल्ली।
6. स्वाधीन भारत : लेखक सुधाकर पाण्डेय, प्रस्तावना पृष्ठ, वाणी प्रकाशन, नई दिल्ली।

सूचना की शक्ति सत्ता

सूचना की शक्ति सत्ता की अनिवार्यता, उस समाज को भी स्वीकार्य थी जो समाज शब्द की मात्र मौखिक परम्परा से जुड़ा हुआ था। सूचना का आदान-प्रदान तब भी होता था और सूचना की शक्ति सत्ता को तब भी स्वीकारा जाता था और माना जाता था कि सूचना एक बड़ी सत्ता है और उस सत्ता से शक्तियों का सहज वरदान भी जुड़ा हुआ है चाहे पौराणिक पत्रकार नारद की बात करें, व्यास और महाभारत के ही संवाद प्रेषक या संवाद दत्तक संजय की बात करें। इनको गुरु गौरव जो इतिहास ने दिया, इनकी सूचना सम्प्रेषण में महारत ही थी और इसी महारत से इनके ज्ञान, सम्पन्न शब्द महत्ता ने इन्हें परम सम्मान का भी अधिकारी बनाया था अन्यथा इन शब्द शिल्पियों के पास शक्ति सम्पन्न कोई परम पद तो उपलब्ध नहीं था। हाँ इनके एक शब्द से ब्रह्मा की अनुभूति होती थी, इनका ऋषि रूप इनके महान संस्कार, हर शब्द से स्वतः उजागर होते थे।

सूचना की शक्ति सत्ता आज भी अस्तित्व बनाये हुए है, पर अब यह ऐसी आदत का हिस्सा है जहाँ कथनी और करणी में स्पष्ट रूप से एक विभाजक रेखा खिंच गयी है। सूचना देने वाले इसकी शक्ति का अनुचित लाभ भी उठाने लगे हैं, वह समाज पर सौ-सौ दृष्टियाँ गड़ाने की क्षमता भले रखते हों, दूसरों को दोषों को उजागर करने की महारत भले ही उन्हें हासिल हो गयी हो, पर अपने को दूध का धुला हुआ समझकर वे अपने बारे में कुछ भी प्रकट नहीं करते। "बात पुरानी हो, उन दिनों प्रचार के कोई साधन नहीं थे, न रेडियो, न टेलीविज़न और न अखबार—लेकिन इसका मतलब नहीं था कि लोगों को कोई खबर ही मालूम नहीं होती थी। कुछ गाँव तो ऐसे थे जिन्हें हर शाम हर खबर मिल जाती थी, क्योंकि उनमें खबरू जैसे कुम्हार रहा करते थे। खबरू कुम्हार एक अजीब किस्म का आदमी था। जब तक वह सारे गाँव की खबरें इकट्ठी नहीं कर लेता, उसे नींद नहीं आती। गाँव में कौन आया, कौन गया, तो कहाँ गया आदि हर खबर उस

कुम्हार के पास होती थी। गाँव का कौन लड़का उत्तीर्ण हुआ, कौन, अनुतीर्ण हुआ, किसका लड़का या लड़की भाग गयी, सगाई, शादी, बच्चे सबकी हर खबर उसके पास होती और हर शाम वह गाँव के लोगों को इकट्ठा करके सारी बातें बता देता। उसकी इस आदत से गाँव के कुछ लोग परेशान भी थे, क्योंकि वह छोटी से छोटी बात का भी ढोल पीट देता। वह चाहता था कि दूसरों की सारी बातें उसको पता चल जायें, लेकिन उसके घर की कोई बात बाहर न निकले।'' लात की बात नामक इस रचना को यहाँ उद्धृधत करने का मंतव्य मात्र इतना ही है कि खबर देने वाला कुम्हार यहाँ ऐसे संवाददाताओं का प्रतीक बन गया है जो दूसरों के बारे में हर जानकारी रखते हैं, नितान्त पारदर्शी, पर अपने बारे में कुछ भी कहने का साहस नहीं रखते, बल्कि इनका दुःसाहस अवश्य होता है कि वे अपने से सम्बद्ध हर जानकारी को छिपाए रखें। सूचना प्राप्ति का अधिकार इस दृष्टि से उस पर्दे को हटाने का एक प्रयत्न है, जो पर्दा सूचना देने वाला अपने ऊपर ओढ़े रखता है।

सूचना एक ज्ञान है, इस दृष्टि से सूचना प्राप्ति की चाह किसे नहीं रहती। अन्धे धृतराष्ट्र को भी सूचना प्राप्ति की प्रबल चाह रही थी, तभी संजय हर घटित घटना का विवरण या आँखों देखा हाल उस तक पहुँचाने का काम करता रहा। संजय ने सम्वाददाता की भूमिका तो निभाई इसके साथ एक युद्ध संवाददता की विशिष्ट भूमिका भी बखूबी निभाई। धर्मक्षेत्र कुरुक्षेत्र में एक ईश्वरीय विराट रूप लेकर समस्त सांस्कृतिक मान्यताओं की संजय ने व्याख्या बेहतर ढंग से की थी।

'नारायण, नारायण, नारायण' के गुरु मन्त्र का जाप करने वाले नारद के व्यक्तित्व एवं कृतित्व की भी संवाददाता के रूप में विशद् व्याख्या करने की महती आवश्यकता है। नारद अपनी वीणा वादन के साथ किस भाँति तीन लोक की परिक्रमा करके सूचनाओं का एकत्रीकरण करके उन्हें किस कद्र फिर उजागर करते, यह गहन शोध का विषय हो सकता है। किन्तु यह निष्कर्ष सहज में जुटाया जा सकता है कि नारद तटस्थ, निरपेक्ष भाव से खबर की जानकारी तो रखते ही थे, किन्तु पूर्ण संगीतमय मधुर भाव से वे अपने गुरु मन्त्र का जाप करते हुए सत्यम, शिवम, सुन्दरम् के महनीय भाव के साथ लोक मंगल के दायित्व का भी ठीक से वहन करते रहे। अपने ज्योतिष ज्ञान के मर्म के साथ नारद की योग्यता इतनी सार्थक बन पायी है जिस योग्यता के बल पर नारद की सूचना ग्रहण की शक्ति इतनी प्रखर एवं तीव्र दिख पड़ती है कि वह सामान्य जन के त्रिकाल का लेखा-जोखा भी अभिव्यक्ति करने की क्षमता से भी भरपूर थे। उनके गुरुमन्त्र 'नारायण, नारायण' के रटते रहने, एक स्थान पर ज्यादा देर न टिकने, हर

घटना क्रम पर उनकी उपस्थिति, फिर सूचना देते रहने के साथ-साथ वीणा वादन के रस घोलते रहने के उनके उपक्रम पर निस्सन्देह विशद् एवं गहन शोध की आवश्यकता है ताकि उनका व्यक्तित्व एवं कृतित्व सूचना की शक्ति सत्ता के परिदृश्य पर अतीव अनुकरणीय बन सकें। भगवान वेद व्यास के पास रचना शक्ति की जो अतुल क्षमता थी, वेदों के सम्पादन का जो गुरु-गम्भीर दायित्व, भगवान व्यास ने एक प्रखर सम्पादक के रूप में निभाया था, उनके उस महत कर्म से परिचय पाकर मीडिया जगत को क्या ऐसी विवेक परक ज्ञान राशि नहीं जुट जायेगी जिससे हम सहज में जान पायेंगे कि सूचना की शक्ति सत्ता के अर्थ कितने मूल्यवान तो हैं ही, इसके साथ उन मूल्यों को जीवन में अंगीकार करके सम्पादन जगत को भी मूल्यों का ऐसा परिधान मिल पायेगा जिससे मीडिया जगत की गुरु-गरिमा अवश्य महिमा-मण्डित होगी। आज मीडिया पूरी तरह से साधन-सम्पन्न है, मीडिया के पास सूचना जंजाल इतना विशाल, इतना व्यापक है, किन्तु सूचना की विश्वसनीयता पर भी कई यक्ष प्रश्न अभी उत्तर की बाट जोह रहे हैं।

फोक मीडिया की चिन्तना से हमें बोध होता है कि सूचना देने, सूचना की शक्तिसत्ता की गूढ़ता जितनी फोक मीडिया ने अर्जित की है, उसकी तुलना आज का समस्त मीडिया तन्त्र फोक मीडिया के समक्ष उपयोगिता एवं प्रभाव उत्पादकता की दृष्टि से अधिक कान्तिमय नहीं बन पाया है। रात-दिन के प्रसारण, इतनी भारी पत्र-पत्रिकाओं की व्यापक प्रसार संख्या के रहते भी सत्यम, शिवम, सुन्दरम् की मान्यता, आलोकित नहीं हो पा रही है।

लोक मीडिया लामण साहित्य में भाव शक्ति

अनुभव की कोख से जन्मा लामण साहित्य का रचनाकार अद्वितीय चिन्तक

"अक्षर ज्ञान की आवश्यकता सबसे प्रथम है। शिक्षा न हो, कुछ पढ़ना-लिखना न आता हो तो स्वाध्याय एवं सत्साहित्य का रसास्वादन कर सकना और विश्व के श्रेष्ठतम आधुनिक एवं पुरातन मनीषियों के साथ बैठ कर सम्पर्क बना सकने का लाभ ही न मिलेगा। बिना पढ़ा व्यक्ति संगति के प्रभाव से किन्हीं एक-दो विषयों में अपने विशेष प्रयत्न के बल पर कुछ सीख व समझ सकता है, पर मानसिक विकास की समग्रता इतने से सम्भव नहीं हो सकती।"[1] लामण साहित्य ने इस विवेक एवं ज्ञान से सने आर्ष सत्य को, असत्य सिद्ध करके रख दिया है। लामण साहित्य का रचयिता न तो अक्षर ज्ञान से परिचित रहा है, न ही स्वाध्याय से जुड़ा रहा है तथा न ही सत्साहित्य का इस रचनाकार ने, कभी रसास्वादन किया, न ही पुरातन मनीषियों के साथ बैठ कर सम्पर्क बना सकने का लाभ अर्जित किया। लामण साहित्य का रचनाकार मात्र अपने अनुभव की कोख से पैदा हुआ एक अद्वितीय चिन्तक है जिसकी ज्ञान राशि पवित्र भी है और उपादेय भी। लामण साहित्य के विचार ऐसे विचार हैं, जो इस साहित्य के रचनाकारों के मस्तिष्क का आधार बने हैं और जिस भी मस्तिष्क का ये विचार आधार बने, वहीं इन विचारों को अभिव्यक्ति का भी आधार मिल गया।

लामण साहित्य में अभिव्यक्त ये विचार निष्कपट, पवित्र एवं अद्भुत शक्ति सत्ता लिये हुए हैं। लामण श्रृंगार और प्रणय की अनुभूति को भी अभिव्यक्त करते हैं। लामण साहित्य में जीवन का यथार्थ पक्ष भी सहज भाव से होता है। जीवन में सुखद क्षण भी आते हैं, दुःखद भी। वास्तव में जीवन सुख-दुःख का ही समन्वित रूप है। इसीलिए जीवन में जहाँ हर्ष है, उल्लास व प्रसन्नता है, वहीं जीवन में है विषाद और भी बहुत कुछ। ईर्ष्या-द्वेष, काम-क्रोध, लोभ, मोह और अहंकार सभी

यथार्थ जीवन की कटु सच्चाइयाँ हैं, जिन्हें लामण साहित्य ने पूर्णतः आत्मसात् किया है।

लोक मीडिया लामण साहित्य में सद्वृत्तियों का भी उतना ही महत्त्व वर्णित है। इस साहित्य का हर प्रश्न मन को लगाम देने पर आधृत है। मन का चंचल घोड़ा जब रोकने पर नहीं रुकता उस स्थिति में मन को आखिर कहीं तो लगाना ही पड़ता है, तभी शायद लोक कवि ने लामण को इस तरह परिभाषित किया होगा कि 'ला-मन' अर्थात् मन लगाना यानी जहाँ मन टिक जाये, वहीं तो है लामण साहित्य। वैदिक काल का ऋषि यह जानने में ही संलग्न एवं तपस्यारत रहा है कि 'कथम् वातो नेलयति-कथम न रमते मनः' यानी पवन और मन दोनों ही चलायमान हैं कहीं रुकने का नाम नहीं लेते पर मन लगा कर लामण साहित्य ने मन की गति को एक भाव से जैसे रोक ही दिया है। इसीलिए जहाँ मन लग गया वहीं लामण गीत की रचना हो गयी। लोक जीवन की सारी शिक्षा, सूचना और मनोरंजन के सभी भाव के आवेग फिर लामण की पावन भावधारा के रूप में प्रवाहमान हो उठते हैं।

विश्व कवि रवीन्द्र नाथ ठाकुर ने भी माना था कि ''मानव के पास भावात्मक, शक्ति का भण्डार है जो आत्मरक्षा पर ही व्यक्त नहीं होता'' लामण साहित्य में भी समस्त भाव शक्ति व्यक्त होने को बेहद व्याकुल रही है जिसका सदुपयोग समाज के हर व्यक्ति ने हर युग में किया है। इस सदुपयोग का एक गहन आधार एवं महान् उद्देश्य है। इसी महान् उद्देश्य की पूर्ति के लिए लामण गीतों का रचयिता अपना मन उन भावों पर केन्द्रित करता है जो समाज के लिए उद्देश्यपरक मूल्य भी बनते हैं और अन्ततः ये मूल्य सामाजिक जीवन के लिए फिर गहरे रूप से स्वीकार्य हो जाते हैं। इन मूल्यों में ही छिपा है वह जीवन बोध और जीवन के लिए उपयोगी सौन्दर्य और आनन्द, जिसके बिना जीवन नीरस एवं अर्थहीन बन जाता है।

लामण साहित्य के मर्मज्ञ मानते हैं कि लामण ने जहाँ मन लगाया है, मन को एक लगाम दी है वहीं 'लामण साहित्य' लावण्य का भी परिचायक है। लावण्य का अर्थ है सौन्दर्य, जो सौन्दर्य अन्ततः आनन्द का परिचायक बनता है। यूँ भी ''सौन्दर्य और आनन्द का परस्पर गहरा सम्बन्ध है। सौन्दर्य सतत आनन्ददायक है। जहाँ आनन्द नहीं वहाँ सौन्दर्य भी नहीं है। एक कवि सौन्दर्य की अभिव्यक्ति शब्दों द्वारा नृत्यकार शरीर के अंगों की सिहरन के द्वारा और एक सुसंस्कृत व्यक्ति शिष्टाचार एवं विनम्र व्यवहार द्वारा करता है। प्रत्येक व्यक्ति सौन्दर्य की इस उत्कण्ठा को नहीं मिटा पाता।''[2] इसी प्रबल उत्कण्ठा को लामण साहित्य में

अभिव्यक्ति का प्रबल आधार मिला है। इसी अभिव्यक्ति से लामण साहित्य में सामाजिक जीवन के लिए उपलब्ध हुई ग्राह्य शिक्षा, ज्ञानदायक सूचना एवं उद्देश्यपरक मनोरंजन भी। इसी परिप्रेक्ष्य में लामण साहित्य फोक मीडिया की श्रेणी में भी एक महनीय एवं उल्लेखनीय भूमिका दर्ज कर पाने में सक्षम भूमिका निभाता प्रतीत होता है। लामण साहित्य में काव्यमय प्रभावोत्पादकता के साथ-साथ हमारे लोक जीवन के लिए इतिहास की समझ, ढेर सारे अनुभव और ऐसा जीवन बोध भरा पड़ा है, जिसके आश्रय से लामण साहित्य अपनी सार्थक मीडियापरक भूमिका के साथ अपने समय के सार्थक सवाल उठाने में भी प्रेरक भूमिका निभाता है।

निरक्षर समाज में बुद्धिजीवी समाज की मानसिकता और हर गहरी गतिविधि की गहन छानबीन लामण साहित्य में सहज में ही दृष्टिगोचर होती है। तब हमें ज्ञात होता है कि हमारा लोक जीवन भी कितना सर्वज्ञ, सर्वथा सुखी एवं सर्वदा शक्ति सम्पन्न रहा है। लामण साहित्य के रचनाकार न तो इस देश के रामानुज, शंकर, नानक, चैतन्य, कबीर व दादू, मीरा से कभी परिचित नहीं रहे किन्तु इन भारतीय गगन के उज्ज्वल नक्षत्रों की आभा उच्च संचार की प्राकृतिक शक्ति द्वारा लामण साहित्य को आलोकित अवश्य कर पायी है। उच्च संचार यानी हायर कम्यूनिकेशन का यह स्तुत्य गुण है कि इसके द्वारा अनजाने ही मस्तिष्क में ऐसे भावों का सहज संचार हो जाता है जो एक करिश्मे से कम बात नहीं होती और इस अज्ञेय रहस्य के ज्ञाता मात्र सृष्टिकर्ता ही हो सकते हैं।

लामण साहित्य में आधुनिक समाज की तमाम दुष्प्रवृत्तियों के लिए कोई स्थान नहीं है। जिन दुष्प्रवृत्तियों के कारण समाज ऊँच-नीच, छोटा-बड़ा, अवर्ण-सवर्ण, गरीब-अमीर की खाइयों में बँटा रहता है। लामण साहित्य का समाज समतामय समाज के सच्चे समाजवाद का एक परिचायक है तथापि आदमी आधा और अधूरा तो है ही, उसी आदमी को हर स्तर पर पूर्ण बनाने का संघर्ष लामण साहित्य का कथ्य तो है ही। नयी तरह की समाज व्यवस्था को स्थापित करने का प्रयत्न भी लामण साहित्य में बराबर बना रहा है। लामण साहित्य की शिक्षा, सूचना एवं मनोरंजन की प्रेरणा में एक निश्छल हृदय के भाव हैं और इन्हीं भावों में उस समाज के अनुभव भी भरे पड़े हैं और यही अनुभव अन्ततः पवित्रता और जीवन शक्ति के आधार भी हैं। फोक मीडिया के परिप्रेक्ष्य में लामण साहित्य वाणी की ऐसी सार्थक अभिव्यक्ति है जिससे समाज-जीवन की सभ्यता और संस्कृति का भी सहज परिचय मिलता है।

लामण सहित्य में नारी जीवन का चित्रण भी कई अर्थकर रूप में सम्भव हो

पाया है। नारी जीवन लामण साहित्य का मूल आधार बिन्दु भी है। यूँ जब हम "नारी के साथ होते हैं तो उसे केन्द्र में रखकर कविताएँ रचते हैं, गीत बनाते हैं, कलाओं की भी सृष्टि होती है और जब हम उससे बचकर भागते हैं तो दर्शन शास्त्र और धर्म का निर्माण करते हैं और जहाँ उससे बचते है तो ये पलायनवादी भाव, भय, खुशामदी, प्रशस्तियों और स्तुतियों में व्यक्त होता है और घृणा दार्शनिक और धार्मिक पलायनों में। नारी निन्दा के स्रोतों में उसका शारीरिक सौन्दर्य हमें मुग्ध, चमत्कृत और स्तब्ध कर लेता है। लेकिन भीतरी शारीरिक और मानसिक बनावट हमें अपने से इतनी अलग और जटिल लगती है जो कि उलझन में डाल देती है। वह हमें रहस्यमयी पहेली और जंजाल सी लगती है।"[3] यह रहस्य और जंजालगत भाव ही लामण साहित्य में नारी जीवन को उद्घाटित करने वाले ऐसे विशिष्ट कथ्य हैं, जिन्होंने लामण साहित्य में भी वृद्धि की है। लामण साहित्य के एक गीत में प्रेयसी प्राकृतिक सौन्दर्यपरक भावों को समेटते हुए अपने प्रेमी को सच्चे प्रेम के प्रति इस प्रकार से आश्वस्त करती है कि प्रेमी अभय होकर उसका सच्चा साथी बन जाये। प्रेयसी कहती है–

बीजी गैणी दी
जुगलू-मुगलू लागे तारे
लोगा दे बोलणे
संग न चोल्णु हमारै

भाव यह है कि हमारे प्रेम पथ पर लोक निन्दा एक बड़ी बाधा है पर यदि हमारा प्रेम सच्चा है और हम एक दूसरे के प्रति सच्चे भाव से समर्पित हैं तो हमें किसी भी परिस्थिति में अपनी मित्रता को त्याग नहीं देना है। प्रेयसी के इस कथन में प्रेमी जीवन के मनोबल को अपार सहारा मिलता है। इसकी कल्पना भर की जा सकती है। बड़े साहस के साथ प्रेयसी प्रेमी के मनोबल को बढ़ाते हुए प्रेमी को आश्वस्त करती है कि हर विषम परिस्थिति में हमारी मित्रता के सूत्र टूटने नहीं चाहिए। इस लामण में जिस संवेदना की सृष्टि है वही संवेदना लामण साहित्य की उपज भी है। लामण साहित्य ऐसी स्थिति है वही सम्वेदना लामण साहित्य की उपज भी है। लामण साहित्य ऐसी स्थिति में भले ही किसी देशकाल का ऐसा प्रतिबिम्बित।

साहित्य दर्पण भले ही न हो, पर अपने समाज की व्यवस्था के सम्बन्ध में प्रत्यक्ष और परोक्ष रूप से सम-विषम प्रतिक्रियाएँ प्रकट करने वाला यह साहित्य फोक मीडिया के सँकरे मार्ग पर अग्रसर होकर भी समाज के प्रति अपना सरोकार

बखूबी निभाता है और लामण साहित्य का अनुशीलन करने से यह स्पष्ट हो जाता है कि समाज का सही निरीक्षण एवं परीक्षण लामण साहित्य द्वारा बारीकी से किया जा सकता है।

सन्दर्भ

1. संस्कृति संजीवनी श्रीमद्भागवत एवं गीता 'छठा प्रवचन' पं. श्रीराम शर्मा अखण्ड ज्योति संस्थान मथुरा : पृ. 192
2. हिमाचल के लोक नृत्य लेखक हरिराम जस्टा, पृ. 18, सन्मार्ग प्रकाशन दिल्ली।
3. भारतीय स्त्री सांस्कृतिक सन्दर्भ–सम्पादक प्रतिभा जैन, संगीता शर्मा, लेख : आदमी की निगाह में औरत, लेखक राजेन्द्र यादव, पृ. 29, रावत पब्लिकेशन नई दिल्ली।

लोक मीडिया लामण साहित्य में विचार वर्चस्व

दर्द सिक्त लामण एक बड़ी सूचना प्रदाता होता है

सूचना एक सम्पदा है जो हर व्यक्ति के पास उसके गुण-धर्म के अनुकूल संचित रहती है। त्रिकाल अर्थात् सूचना के द्वारा भूतकाल, वर्तमान काल तथा भविष्य का समस्त घटित हो रहा तथा घटित होने वाला विवरण आ जुटता है। ऐसी स्थिति में सूचना व्यक्ति जीवन के लिए अपरिहार्य एवं अनिवार्य सम्पदा बन जाती है। किन्तु यह भी सच है कि सूचना जब तक ज्ञानप्रद प्रतीत होती है तब तक उसकी अर्धवत्ता भी बनी रहती है। किन्तु जब वह ज्ञानप्रद नहीं रहती तब ऐसी सूचना भ्रामक बन जाती है। यह भी एक सत्य है कि सूचना द्वारा हमारी समस्त मनोकामनाएँ पूर्ण होती है। ऐसी स्थिति में हमें यह जान ही लेना चाहिए कि सूचना क्या है? सूचना किन स्थितियों में सूचना नहीं रह जाती? सूचना की प्राप्ति के सही स्रोत व तथ्य हमें विश्वस्त करते हैं कि सूचना हमारे लिए कितनी उपादेय एवं अर्थकर है। सूचना प्राप्त करने की चाह निश्चित रूप से ज्ञान प्राप्ति के सन्मार्ग पर निरन्तर अग्रसर होते रहना है।

ज्ञान प्राप्ति की चाहना जीवन का ऐसा सुख है, जिसे बटोरने के लिए क्षण, मिनट, घण्टे, दिन, माह व वर्षों के हिसाब में विभक्त समय का सहयोग अति महत्त्वपूर्ण होता है। सूचना महत्त्वपूर्ण भी वही होती है, जिसमें जीवन का अनुभव समाहित रहता है। अनुभव हमें जैसे भी प्राप्त हो, किन्तु उसकी सूचना हमें पुलकित करती है, प्रेरित करती है। कभी व्यक्ति, शास्त्र सम्मत या पुस्तकीय ज्ञान को सूचना का ठोस आधार मानता है और कभी व्यक्ति का व्यावहारिक अनुभव सूचना का मूल स्रोत बनता है। अनुभव पथ पर अर्जित सूचना निस्सन्देह उपयोगी होती है। तथापि दोनों स्थितियों से अर्जित सूचना का यथेष्ट लाभ भी हमें ही मिलता है। अतः हमें खुले मन से तथा ज्ञानार्जन की दृष्टि से सूचना प्राप्त करने

का उद्यम बनाये रखना चाहिए और सूचना प्राप्ति की किसी भी राह से हमें विमुख नहीं होना चाहिए।

लामण साहित्य फोक मीडिया के परिप्रेक्ष्य में सूचना की अर्थवत्ता को गहरे रूप से परिभाषित करता है। लामण साहित्य के द्वारा एक संगीतमयी लहर जब हमारे कानों से टकराती है उस सुरीली तान में दर्द भरे बोल काव्य रंजित ऐसे टुकड़े बन जाते हैं, जिन्हें हम अपने हित में परिभाषित ही करते रहने के लिए विवश हो जाते हैं। आखिर दर्द भरे लामण के शब्द यानी शब्दों की अभिव्यक्ति एक बड़ी सूचना ही होती है जब यह सूचना समझ के दायरे में आती है तो हमें यह बेहाल कर देती है। विमुग्ध कर देती है और हमें यह एहसास होता है कि इन दर्द भरे शब्दों में कितना गहरा भाव प्रच्छन्न था।

धैड़ी दे अड़ने
गैणी दे लागणे तारे
घर हमारो जम्परी
चौऊ धैड़े पाऊणै थारै।

इस लामण की किसी टीले पर से अनुगूँज ही हमारे कानों को खड़े करने, पाँवों की गति को जकड़ते भर के लिए पर्याप्त हो जाती है। तब हमें एहसास होता है कि जो लामण हमने सुना, वह हमें कितनी बड़ी सूचना दे रहा है। सूचना की यह चमक-दमक हर श्रोता के मन तक निखर-निखर कर पहुँचती है। भाषा, शब्द और भाव गाम्भीर्य से अनजाने में बेखबर व्यक्ति, लामण की भाव लहरियों के साथ तैरने सा लगता है। उक्त लामण बरबस हमारा ध्यान पाँच तत्त्वों से बने इस शरीर की ओर आकृष्ट करता है और भीतर कहीं यह भाव-बोध जगाता है कि जिस शरीर के मोह में हमने अपने जीवन का ध्येय ही गँवा दिया, वह शरीर तो अन्त में हमारा साथ छोड़ जायेगा। चार दिन का ही है यह शरीर रूपी घर तथा इतने ही दिनों का है, ईंट, गारे से बना घर। लामण साहित्य की ऐसी सूचनापरक गुहारें जब पर्वत-टीलों से टकराती हैं तो इन जड़ पहाड़ों का दिल भी एक बार धड़कता सा प्रतीत होने लगता है।

एकल गायन विधा की शैली में गेय लामण हमें अनायास कई सूचनाओं से सराबोर कर देता है। लामण गाने के लिए किसी अवसर विशेष की भी लोक जीवन को आवश्यकता नहीं होती। न किसी विशेष तीज-त्यौहार की प्रतीक्षा, न किसी मेले-ठेले के विशेष अवसर का इन्तजार। वास्तव में पर्वत टीलों या सघन वनों की खामोशी को तोड़ने के लिए ही लामण गीतों का उच्चारण सुखद लगता

है। उस समय पूरा वातावरण अनुकूल सा हो जाता है जब किसी के मुख से एक उपयोगी सूचना का सौरभ बिखेरता कोई लामण गीत किसी गीतकार के मुख से जो वन-प्रान्तर के किसी टीले पर भले ही एकाकी बैठा हो और कान पर हाथ रख कर जब लामण गीत को वह पंचम स्वर में उच्चारता है तो उसकी सुरीली व मोहक धुन से परिवेश की कन्दराएँ व घाटियाँ भी समवेत स्वरों में उत्तर देने लगती हैं। हर श्रोता के मन में एक अलग सी कसमसाहट पनपने लगती है, पर पर्वत-टीलों पर सूचना की सुगन्ध बिखेरने वाले लामण के बोल गाँव तथा घरों में उच्चारे नहीं जाते क्योंकि लामण गीतों में जहाँ गहरा भाव-बोध प्रच्छन्न रहता है वहीं इन गीतों का श्रृंगार रस यदा-कदा अश्लीलता की हदों को भी पार कर जाता है। ऐसी स्थिति में प्रयोजन, भले ही भीतर-भीतर खून के आँसू बहाते हों पर लोकलाज के कारण मनोदशा को व्यक्त करना भी तो कठिन काम ही होता है।

लामण के बोल क्योंकि तीर की भाँति शर होते हैं। लामण की पहली पंक्ति भले ही निरर्थक सी लगती है पर यह वह प्रत्यंचा होती है जिसके सहारे लामण के शब्द-तीर तीखा प्रहार करते हैं।

झूरी होली बांउणो
हेरी फूलडू काला
ई का मुई कोरिरो
गीऊँ मांझ मंडुआ राला।

यानी नायिका की सुन्दरता देखते ही बनती है एकदम अवर्णनीय। यानी नयनाभिराम। पर ऐसी स्वप्न सुन्दरी ने अपने प्यार के लिए चुना काला फूल यानी काले रंग का प्रियतम। यानी उसने ऐसा यह क्या कर डाला गेहूँ के बीच मंडुआ मिला दिया। गोरे और काले का यह संगम और इस तरह की अभिव्यक्ति कितनी धरती से जुड़ी हुई तथा कितनी ही स्पष्ट है।

नारी-जीवन, दाम्पत्य व प्रेम सम्बन्ध और अन्य सामाजिक नाते-रिश्तों का दिग्दर्शन भी जहाँ हमें मिलता है, वहाँ इस अस्वीकृति की सूचना भी मिलती है, जो एक आधुनिक समाचार के बाने में भले ही नहीं व्यक्त हो पायी, मगर है तो वह एक सूचनापरक समाचार की तरह ही कि किस तरह एक सुन्दर युवती ने एक काले प्रेमी का वरण कर लिया। श्रोता समाज फिर उसकी अलग तरह से अपनी मनोस्थिति के अनुकूल व्याख्या करता है या उसे स्वीकृति देता है या बहुत ही निर्भयता के साथ उसे अस्वीकार कर देता है। ऐसी सूचना फिर भले ही समाजशास्त्र का एक विषय बन जाये पर लामण साहित्य फोक मीडिया के रूप में बड़ी बेबाकी

के साथ अपना धर्म निभाता दीख पड़ता है। तभी समाज में मूल्य ग्राह्य व त्याज्य बन पाते हैं। सूचना प्राप्ति की चाह भी बढ़ती है। ऐसी घटना के प्रति ध्यान अधिक जिज्ञासापूर्व बन जाता है जो घटनाएँ समाज को स्वीकार्य नहीं होतीं, तब पत्रकारिता जगत का यह विभेद समझ में आता है कि कुत्ता यदि व्यक्ति को काटे, तो क्या समाचार परक सूचना हुई, किन्तु व्यक्ति ही कुत्ते को काट खाये तो समाचार सूचना हो सकती है। यानी कुछ ऐसी घटनाएँ जो नितान्त हटकर होती हैं। समाचार की सुर्खियाँ बनती हैं। तभी लामण में यह भाव भी प्रकट हुआ है कि इस सुन्दरी ने ऐसा क्या कर दिया यानी 'ई का मुई कोरिरो' ऐसा निर्णय कुछ लोगों के लिए मृत्युवत् पीड़ादायी सिद्ध होता है।

लामण गीतों में भले ही ऐसी अनीतिकर सूचनाओं का अम्बार दिखाई देता हो पर लामण गीतों में मनुष्य की श्रेष्ठता और उसकी ज्येष्ठता को बनाये रखने के लिए विनम्र प्रयत्न भी विद्यमान है।

म्हाणू कुजा बे-ऐबो
बिना साटो कूजी कूंहलो
इशा पूछूँ इन्हों चातरो
कुजां बिना डांडियो फूलो

अर्थात् हर मनुष्य गलतियाँ भी करता है जैसे पानी की बहती धारा में, कूड़ा-कर्कट भी विद्यमान रहता है। आगे इसी में एक यक्ष प्रश्न फिर किया गया है कि भला ऐसा वह कौन सा फूल है जिस फूल में डण्ठल नहीं होता। अर्थात् मनुष्य गलती का पुतला तो कहलाता ही है। मनुष्य द्वारा गलती करने के अर्थ हैं कि मनुष्य निरन्तर अपना सुधार परिष्कार करने की सामर्थ्य रखता है। साहित्य ने विशेषकर लामण साहित्य ने मनुष्य को अद्भुत ढंग से शिक्षित किया है। तथाकथित डिग्री से दूर लामण साहित्य की शिक्षा ज्यादा व्यावहारकि एवं अर्थप्रद प्रतीत होती है।

वर्तमान दौर में साहित्य के विपरीत लामण साहित्य ने सामाजिक मानव को निश्छल भाव से जीने के पाठ पढ़ाएँ हैं। आज साहित्य की प्रेरणाएँ, हमें विज्ञापनी मायाजाल के संग जीने की राह दिखा रही हैं। आज का मनुष्य आवश्यक वस्तुओं के उपयोग मात्र की अधिक से अधिक जानकारी बटोर रहा है। आज का आदमी, इस प्रकार की मानसिकता के रहते ऐसी चूहा दौड़ में संलग्न है, जिस दौड़ का कोई गन्तव्य दिखता ही नहीं। यानी आगे जैसे दूसरी कोई रात ही नहीं है। आगे अगर कुछ है तो वह है झूठा आडम्बर, पाखण्ड और लोभ। इन रास्तों पर चलने

वाला मनुष्य लामण साहित्य की थाह भला क्यों कर पाना चाहेगा तथापि लामण साहित्य हमें सत् साहित्य की ओर लौट आने की सद्प्रेरणा प्रदान करता है।

हमसे एक नदी, एक वृक्ष, एक पहाड़ क्या कहते हैं। उसकी अभिव्यक्ति पूर्ण सूचना, लोक समाज में सहजता के साथ लामण विचार का समन्वय, लामण साहित्य की अपनी एक पहचान है। हमें सूचना प्रवाह में न धन कमाने की कामना है न परिश्रम करने की प्रवृत्ति से किसी प्रकार का दुःख है। लामण की सूचना से हमारी परम्परा और अस्तित्व का सार्थक पक्ष उजागर होता है। लामण साहित्य की एक मीडियापरक भूमिका द्वारा सांस्कृतिक जड़ों को भी हवा-पानी सुलभ हुआ है और लोक जनमानस को भी इससे सार्थक दिशा मिली है। लामण-साहित्य की इस सूचना में वह समग्र सांस्कृतिक चेतना निहित है जो न तो व्यावसायिक ताकतों की ओर ध्यान खिंचती है तथा न ही उन षड्यन्त्रकारी प्रयत्नों की राह पर चलने की प्रेरणा देती है, जिस राह पर आज समग्र मीडिया पाँव पसार रहा है।

लामण साहित्य सूचना को जिस सांस्कृतिक धरातल पर परिभाषित करता है उससे हमें बोध होता है कि सूचना का प्रवाह अबाध गति से ही होना चाहिए ताकि जनमानस, समाज के उत्थान के प्रति अपनी सही राय स्थापित कर सके। लोक मानस को भी समाज के घटनाक्रम के प्रति सूचना देने और जानने की स्वतः स्वतन्त्रता हासिल रही है।

जन स्वर बनने तथा समाज की सही निगरानी करते रहने का दायित्व फोक मीडिया ने भी निभाया है तभी समाज में भौतिक मूल्यों का संरक्षण सम्भव होता रहा है। फोक मीडिया पूर्णतः स्वतन्त्र मीडिया का परिचायक दिख पड़ता है अतः फोक मीडिया ने सूचना प्रवाह को निष्पक्ष भाव से प्रवाहमान रखते हुए अन्ततः समाज के लिए प्रकाश स्तम्भ का कार्य किया।

लोकोन्मुख फोक मीडिया की अवहेलना कितनी न्यायसंगत

फोक मीडिया के समक्ष आधुनिक मास मीडिया ज्यादा श्रेयस्कर?

लोकोन्मुख लोक साहित्य कहें या फोक मीडिया की हमने व्यापक स्तर पर अवहेलना की है। फोक मीडिया भारतीय समाज, विशेषकर ग्रामीण समाज के दिल और दिमाग में रचा-बसा था। इसी रचाव के चलते फोक मीडिया में इतनी शक्ति रही है कि आज का मास मीडिया, फोक मीडिया के समक्ष समस्त तकनीकी विकास के बाबजूद अल्पसंख्यक मीडिया जान पड़ता है।

फोक मीडिया के समक्ष प्रिन्ट मीडिया की समस्त सामग्री जिसमें समाचार एवं सभी विचार शामिल हैं, फीके जान पड़ते हैं। माना कि वर्तमान उच्च तकनीक के चलते पत्र-पत्रिकाओं का प्रकाशन बढ़ा है और प्रसारण माध्यम भी हमें सम्मोहक मुद्रा में मोहित कर रहे हैं, पर फोक मीडिया के समक्ष आधुनिक मास मीडिया का प्रभाव नगण्य है। फोक मीडिया का मुख से उच्चारित शब्द अणु बम जैसी प्रभाव एवं मारक शक्ति रखता है।

बोले हुए शब्द की यदि हमने ठीक से समीक्षा की होती तो हम जान पाते कि निपट अनपढ़ कबीर के यह शब्द आज भी तीखी तलवार जैसा घाव छोड़ने में क्योंकर सक्षम हैं। कबीर का शब्द फोक मीडिया से जुड़ा ऐसा अनुभवजन्य शब्द है, जिसका प्रभाव दिल-दिमाग पर अमिट रह जाता है। कबीर ने यह भी स्पष्ट कहा कि मसि-कागद छूयो नहीं कलम गही नहिं हाथ। पर जो कहा ऐसा सटीक कहा जिसकी समीक्षा करने यदि हम बैठें तो प्रभावित हुए बिना रह नहीं सकते। सत्य क्या है कितना कालजयी है और सत्य की अवधारणा के अस्तित्व के पीछे जो तप प्रच्छन्न है, वह जन समक्ष आयेगा तो भी वह अकाट्य सत्य का ही विनयी प्रतीक होगा। कबीर ने कहा—

साँच बराबर तप नहीं।
झूठ बराबर पाप।।

कबीर के इन कथनों को कोई असत्य सिद्ध कर सकता है। यह सत्य कथन, आज भी सत्य ही रहेगा जबकि सत्य और झूठ भले ही एकाकार हो गये हों। भले ही तकनीक की आधुनिक चकाचौंध के रहते, हमने एक लम्बा सफर तय कर लिया हो पर इस लम्बे सफर के चलने के बावजूद नैतिक और शुद्ध आचरण के धरातल पर हम आज भी बड़े दरिद्र बने हुए हैं, दरिद्रता का दंश भी ऐसा कि मुक्त होना बूते की बात ही न रह जाये। हम जिस पश्चिमी वैचारिक सोच के क्रीत दास बने हुए हैं उस सोच पर फोक मीडिया बड़ा अंकुश लगाने में सक्षम है। पश्चिमी सोच का अन्धाधुन्ध अनुकरण हमारे लिए बेहद घातक है। हमारी नियति बड़ी विचित्र है हमने अपनी परम्परागत सांस्कृतिक जड़ों को अपने हाथों खोखला कर डाला है। हम उस मूर्ख के अनुयायी बन बैठे हैं जो जिस शाख पर बैठा उसे ही काटने के यत्न में संलग्न था और अन्ततः उसे पतन की खाई में ही गिरना था और पूर्व के चिन्तन को हमने इस अर्थ में ही नकार के रख दिया है, हमारे समस्त मीडिया की सम्पूर्ण सोच, लिखना-पढ़ना समस्त क्रिया-कलाप पश्चिम की उधार लायी सोच पर आधृत है।

फोक मीडिया का बोला हुआ शब्द रेडियो, टी.वी., सिनेमा एवं तमाम आधुनिक मीडिया की तुलना में अद्वितीय प्रभाव का संवाहक बना हुआ है, जबकि आधुनिक मीडिया का प्रबन्धन ढाँचा अभी भी भ्रमित हुआ पड़ा है। मीडिया नीति निर्माताओं ने पश्चिम पर आधारित मीडिया नीति को देश पर थोपा है।

मीडिया में सत्य के मूल्य की, हम कितनी ही महिमा का वर्णन करें पर अनुसरण इस दिशा में सत्य को तोड़-मरोड़ कर प्रस्तुत करने में हम पश्चिम के ही अनुकरण में गौरवान्वित होते हैं और अपने ही देश में कितने ही ऐसे मीडिया विचारक हैं, जिन्हें एक झूठ को शतबार दोहराने में और फिर उस दोहराव के बल पर, झूठ को, सत्य की प्रतीति देने में आनन्द की अनुभूति होती है।

फोक मीडिया में सदैव पाप से डरने, झूठ के पास तक न फटकने के सहज भाव रहे हैं। फोक मीडिया में अपनी संस्कृति, अपनी सभ्यता का रुदन और हास्य रहा हैं। मीडिया क्षेत्र में पदार्पण हमारे यहाँ आज भी सरस्वती यानी विद्या की देवी की पूजा-अर्चना मानी जाती है। फोक मीडिया में लोकमत के निर्माण में छद्म छवि का तनिक भी समावेश नहीं है तभी फोक मीडिया की कोख से गाँधी जैसे तपोपूत राष्ट्रनायक पैदा हो सके।

राजा हरिश्चन्द्र की जीवनी पर खेले गये नाटक को देखकर गाँधी जी ने सत्य और सहनशीलता के परम त्याग मूल्यों का सही पाठ पढ़ा था।

"अन्धेर नगरी चौपट राजा, टके सेर भाजी टके सेर खाजा"

जैसी एकांकी ने लोकमत के निर्माण में कितनी महनीय भूमिका निभाई थी इसकी विशद् व्याख्या होनी शेष है। तभी हम जान पायेंगे कि अतीत में लोक भाषा के संवाद राष्ट्र प्रेम को द्विगुणित करने में कितने कारगर हथियार सिद्ध हुए।

तुलसीदास ने रामचरितमानस जैसा लिख कर देश की लोक चेतना को जिस उदात्त भाव से झिंझोड़ा, उस ग्रन्थ को लिखने से पूर्व उन्होंने वर्णों, शब्द और छन्दों की अधिष्ठात्री माँ सरस्वती की पूरे मनोयोग से आराधना की और तभी वे राम जैसे महानायक जीवन चरित को विश्व के समक्ष ठीक से प्रस्तुत कर सके। उनके राम, भानु, कृषानु और हिमकर के हेतु भी हैं। अर्थात् राम शब्द के उच्चारण से ही हम सूर्य के समान तेज, अग्नि के समान प्रचण्डता और चन्द्र के समान शान्ति को प्राप्त कर लेने के अधिकारी बन जाते हैं और राम की भाँति जीवन आदर्शों को अपनाने का अनवरत प्रयत्न-भाव भी हमारे मनों में उठा ही रहता है।

फोक लोक के अन्तर्गत कितने ही ऐसे अनुकरणीय उदाहरण भरे पड़े हैं जिन से भौतिक विकास ही नहीं बल्कि मानवीय विकास के ऐसे पथ प्रशस्त हुए, जिनके बल पर हम अपने नैतिक आदर्शों व संस्कारों से ओतप्रोत फोक मीडिया के स्तुत्य विचारों व समाचारों से अवगत हो सकते हैं और अब भी जान सकते हैं कि लोक चेतना को प्रवाहमान बनाये रखने में उनका कितना बड़ा योगादान रह सकता है।

फोक लोक के अन्तर्गत लामण जैसे चेतना पूर्ण साहित्य से जब हम अवगत होते हैं तभी जान पाते हैं कि 'ला-मन' यानी चंचल मन को वशीभूत करने में ही लामण साहित्य की अर्थवत्ता निहित है। इसी तरह कुल्लू दलांगी साहित्य भी, ऐसी दल रागिनियों का अमिट हिस्सा है, जिस साहित्य ने अपने समाज के लिए विश्वविद्यालय के उच्च पाठों से भी बढ़-चढ़ कर ऐसे पाठ रच डाले, जिनकी यथार्थ संवेदना से लोक चेतना को अद्भुत बल मिलता रहा। इस दृष्टि से आधुनिक मीडिया के उपसंख्य समाचार और विचार व्यावहारिक स्तर पर वह परिवर्तन ही नहीं कर पाते हैं। सनसनी फैलाने में समाज को दिशाहीन राहों पर धकेलने में आधुनिक मीडिया का कोई मुकाबला शेष नहीं रह जाता।

महापंजाब के अस्तित्व के रहते तत्कालीन मुख्यमन्त्री सरदार प्रताप सिंह कैरों कुल्लू अंतरराष्ट्रीय पर्व के लोक मंच जो अब कला केन्द्र के नाम से विख्यात है,

पर प्रदर्शित एक लोक नाटी के बोल से इतने प्रभावित हो गये कि कुल्लू के बाहरी सिराज क्षेत्र को बिजली के प्रकाश की जगमगाहट सुलभ हो पायी थी और क्षेत्र के लोगों को ढिबरी के प्रकाश तले जीवन बिताने की यातना से मुक्ति मिल सकी थी। लोक नर्तक के गीत के बोल थे—

बड़े बजीरा कैरोंआ
कुल्लू आई बिजली
लारजी पोरू नैहरा

यानी मुख्यमन्त्री कैरों जी! कुल्लू में तो बिजली का प्रकाश सुलभ है, पर कुल्लू का लारजी से उस पार के क्षेत्र यानी बाहरी सिराज तो अभी भी अँधेरे में पसरा हुआ है। फोक लोक के ये बोल मुख्यमन्त्री के दिल-दिमाग में इस प्रकार धँस गये कि एक निश्चित समय अवधि के भीतर बाहरी सिराज क्षेत्र के लोगों को बिजली का प्रकाश सुलभ हो सका। पर आज मीडिया की चकाचौंध के तले फोक मीडिया के प्रबन्धन को इसमें निहित अध्यात्म व सांस्कृतिक चेतना को नये मीडिया के धरातल पर नया आयाम दिया ही नहीं जा सका बल्कि इसके फोक मीडिया की अवहेलना जबरदस्त चिन्ता का विषय बना हुआ है।

पत्रकारिता, हमारा समाज और संस्कृति

सत्य और तथ्यों के अन्वेषण का विमर्श है पत्रकारिता

पत्रकारिता-समाज और संस्कृति इनको अलग करके देखना नितान्त बेमानी है। पत्रकारिता समाज और संस्कृति का आपस में चोली-दामन का साथ है। पत्रकारिता और संस्कृति अन्ततः एक बेहतर समाज की संरचना में सहायक हैं। संस्कृति तो ऐसा विधायक तत्त्व है जिससे पत्रकारिता और समाज दोनों की दशा और दिशा तय होती है। भारतीय संस्कृति का वर्चस्व विश्व ने स्वीकारा है। हमारे ऋषियों द्वारा रचित वेद-पुराण-उपनिषद व अन्य आर्ष ग्रन्थ हमारी संस्कृति की प्राणवायु रहे हैं और यह नितान्त सत्य है कि जहाँ विश्व-संस्कृतियों का समापन होता है वहीं से भारतीय संस्कृति का सूत्रपात भर होता है। इस महनीय संस्कृति ने हमारे समाज को उन्नत बनाया है और इसी उन्नत होते समाज से पत्रकारिता की संरचना सम्भव हो पायी है।

पत्रकारिता के परिप्रेक्ष्य में पुस्तकें, पत्र-पत्रिकाएँ, रेडियो, दूरदर्शन एवं फिल्में सभी कुछ आते हैं और इन्हीं से पत्रकारिता का स्वरूप भी उभर कर सामने आता है। इस स्वरूप के भीतर हम अनुभव कर पायेंगे कि पत्रकारिता प्रखर विचारों, सत्य एवं तत्त्वों के अन्वेषण का ऐसा विमर्श है, ऐसी दार्शनिकता का पर्याय है, जिस में युग चेतना का आलोक समाहित है।

मृत्यु को नकार कर जीने, बल के रूप में श्रेष्ठ बल और समस्त रसों में सत्य को जीवन मूल्य के रूप में स्वीकार करने का गुरुमन्त्र पत्रकारिता द्वारा ही अर्जित किया जा सकता है। इसी से हमें यह बोध भी होता है कि पत्रकारिता की एक मान्यता निष्ठ परम्परा है। पत्रकारिता के क्षेत्र में सत्य का शोध सम्भव हो, मान्यताओं की प्रतिष्ठा को बनाये रखने का प्रयत्न सतत बना रहे यही पत्रकारिता की पहचान का मूल गुण-धर्म है। ''गीता में जगह-जगह शुभ दृष्टि का प्रयोग है।

यह शुभ दृष्टि ही पत्रकारिता है जिसमें गुणों को परखना तथा मंगलकारी तत्त्वों को प्रकाश में लाना सम्मिलित है। महात्मा गाँधी तो इसमें समदृष्टि को महत्त्व देते थे। सम्यक् हित में सम्यक् प्रकाशन को पत्रकारिता कहा जा सकता है। असत्य, अशिव और असुन्दर पर सत्यम, शिवम, सुन्दरम् की शंख ध्वन ही पत्रकारिता है।''[1] इसी शंखनाद ने वैभवशाली वैचारिक पत्रकारिता को पोषित किया है। यही वैचारिक पत्रकारिता ऐसी मान्यतानिष्ठ पत्रकारिता है, जिसकी मान्यताएँ कभी खण्डित नहीं हो सकती। ''पत्रकार के भाग्य में प्रतिपक्ष बड़ा होता है। पत्रकारिता सुई और तलवार की भूमिका एक साथ निभाती है। लोक नायकत्व की भूमिका निभाते हुए पत्रकारिता ने एक समृद्ध विरासत को जिया है। इस विरासत में पत्रकारिता की चाणक्य दृष्टि थी और पत्रकार दधीचि भाव लेकर मूल्यनिष्ठ लेखन के माध्यम से लोक मानस को न केवल संस्कारित करते थे अपितु उन्हें सत्ता के अन्याय प्रतिकार का रास्ता देते थे।''[2] अन्याय के प्रतिकार का यह ऐसा मार्ग था, जिस पर सृजनरत रहते हुए पत्रकार को कभी क्लान्ति नहीं घेरती।

पत्रकार सृजनधर्मी अपने प्रयासों में निरन्तर मग्न रहता है पत्र-पत्रिकाएँ समाज मंच पर शास्त्रार्थ की भूमिका निभाती है और एक ऐसा संसदीय मंच ये पत्र-पत्रिकाएँ गढ़ रही है जिस मंच पर किसी भी प्रश्न को अभय तथा मुखर भाव से उठाया जा सकता है। जहाँ शब्दों का संकोच स्वतः मिट जाता है। सच्चाई का व्यक्तिकरण सर्वोच्च प्राथमिकता बन जाती है। बर्बरता, क्रूरता, हिंसा, शोषण, अत्याचार के विरुद्ध अथक अभियान चलाये रखने से ही पत्रकारिता का जुड़ाव, समाज से रह पाता है। संचार क्रान्ति ने समाज में घट रही घटनाओं का पत्रकारिता को क्षण-क्षण का साक्षी बना डाला है। सामाजिक चिन्तन और विमर्श पत्रकारिता की भूमि पर अंकुरित होते रहते हैं तभी सामाजिक रुचि भी पत्रकारिता के प्रति बनी रहती है। ''लेकिन इसी के साथ एक दूसरा सत्य भी है। प्रौद्योगिकी का जितनी तेजी से विस्तार एवं विकास हुआ है और हो रहा है, मानव ने चन्द्र, मंगल और दूसरे ग्रहों की जिस तरह थाह ले ली है और अन्तरिक्ष में उपनिवेश बनाने की ओर अग्रसर हो रहा है, उतना ही वह बौना भी हुआ है। उसमें संकीर्णता और स्वार्थपरता बढ़ गयी है, वह आदर्शच्युत हुआ है और उसका हृदय बहुत छोटा हो गया है। प्रतिस्पर्धा और कथित दक्षता के आगे वस्तुनिष्ठता, शालीनता और सत्य गौण हो गये हैं। भाषा फूहड़, गलत और बनावटी होती जा रही है।''[3] इस बदलते स्वरूप ने पत्रकारिता की श्रेष्ठता पर एक बड़ा प्रश्नचिह्न लगा दिया है। विशेषताएँ कम और विसंगतियाँ अधिक, यही है पत्रकारिता का वर्तमान चेहरा। स्टिंग

आप्रेशन, खोजी पत्रकारिता की विश्वसनीयता पर भी गहरे आरोप हैं। खोजी पत्रकारिता और इलेक्ट्रॉनिक मीडिया के स्टिंग आप्रेशनों में व्यक्तिगत चरित्र-हनन तथा व्यक्ति की निजता पर हमले हो रहे हैं। सभ्यता और संस्कृति शब्द किताबी या शास्त्रीय सत्य बन कर रह गये हैं। खोजी पत्रकारिता या स्टिंग आप्रेशन नाम कमाने की विधा न बन कर, निन्दा के कलंक से कलंकित हो गये हैं। समाज में अन्ततः सत्य ही स्वीकारा जाता है और सत्य की मूल प्रकृति कभी बदलती नहीं जबकि जिसे एक सत्य बना कर मीडिया परोसता है, वह अन्ततः प्रबुद्ध समाज की समझ से बच नहीं सकता और प्रबुद्ध समाज की आँख उसे देख ही लेती है कि झूठ को किस तरह सत्य का बाना पहनाया गया है। वास्तविक दुनिया का सत्य और मीडिया की दुनिया का सत्य अपनी अलग पहचान के साथ हमारे समक्ष आ ही जाता है, "हम एक साथ दो तरह की दुनिया में रहते हैं। एक वास्तव दुनिया है। दूसरी मीडिया की दुनिया है। ये दोनों जगत एक दूसरे के साथ विचित्र क्रिया करते रहते हैं। यथार्थ जगत में हमारा प्रत्यक्ष सम्बन्ध लोगों, घटनाओं, स्थान आदि के साथ होता है। जबकि मीडिया जगत में हमें अपनी पसन्दीदा चीजें, घटनाएँ, वस्तुएँ, चरित्र, सौन्दर्य बोधीय वस्तुएँ मिलती हैं। जहाँ दिनों-दिन जीवन की बोरियत, और एक रसता को तोड़ने के सभी किस्म के माल उपलब्ध हैं।

सूचना, मनोरंजन और ज्ञान के सभी रूपों को माध्यम में प्राप्त कर सकते हैं। अनेक मर्तबा देखा गया है कि मीडिया अनुभव और वास्तविक जगत के तजुर्बों के बीच फाँक होता है। कभी-कभी वास्तव जगत के अनुभव और सूचना प्राप्ति के लिए मीडिया-जगत पर निर्भर करते हैं। ये वे अनुभव और सूचनाएँ हैं जिन्हें हम वास्तविक जगत से सीधे प्राप्त करने में असमर्थ होते हैं। हम सब अपने को माध्यम और साक्षर मानते हैं। क्योंकि हम मीडिया के किसी न किसी रूप का आनन्द लेते हैं। चर्चित लोगों के नाम और चेहरे पहचानते हैं। हम जानते हैं कि कैसे पढ़ें। सहज ही फिल्म या टेलीविजन देखते हुए समझ जाते हैं कि फ्लैशबैक में कहानी क्यों जा रही है। हम सम्भवतः यह भी जानते हैं कि कम्प्यूटर या वीडियो खेल कैसे खेलें। कहने का मतलब यह है कि माध्यमों के सामने कैसे जायें और क्या करें। यह हम सभी जानते हैं।"[4] 'हम यदि अनजान हैं तो उस सांस्कृतिक चेतना से जिसे हमने संस्कृति का नाम दिया है।

संस्कारों को जीवन में अपनाकर, संस्कारवान बनकर ही हम संस्कृति को बलवती बना सकते हैं। संस्कृति जब बलबती होती है, स्वस्थ समाज का पथ स्वतः ही प्रशस्त होने लगता है। त्याग और परिश्रम की उच्च मान्यताओं के प्रति

समर्पण का भाव रहेगा तभी हमें इस बात का एहसास रहेगा कि पूँजीवादी व्यवस्था के चंगुल से पत्रकारिता को विलग करने का अब समय आ गया है, ताकि सामाजिक व्यवस्था में आयी गिरावट को रोका जा सके। समस्त पत्रकारिता को एक समुचित दिशा-निर्देश की अत्यन्त आवश्यकता है, तभी पत्रकारिता एक प्रकाश स्तम्भ का कार्य करने में सक्षम हो सकती है। यह एक बड़ा दायित्व है, जिसे हम सामाजिक दायित्व का नाम देते हैं। पत्रकारिता संस्कृति की मान्यताओं का संरक्षण तभी कर सकती है जब पत्रकारिता प्रखर चिन्तन से देदीप्यमान हो। प्रखर चिन्तन के सम्बल से ही स्वस्थ समाज की भी सही संरचना सम्भव हो सकती है जब पत्रकारिता संस्कृति की उच्च मान्यताओं के प्रति सदैव प्रतिबद्ध रहे। पत्रकारिता, समाज और संस्कृति की उत्कृष्टता तभी बनी रह सकती है जब पत्रकारिता में सेवा और साधना का समन्वय बना रहे। सेवा और साधना के सुयोग से ही समाज में व्याप्त बुराइयों में अन्धकार को मिटाया जा सकता है।

सन्दर्भ

1. 'विशेषताएँ और विसंगतियाँ' लेखक श्यामा प्रसाद प्रदीप, पृ. 23 समकालीन पत्रकारिता : मूल्यांकन और मुद्दे : सम्पादक राजकिशोर, वाणी प्रकाशन, नई दिल्ली, संस्करण : 1994
2. पाठ माध्यम साक्षरता का परिप्रेक्ष्य पृ. 363 युद्ध ग्लोबल संस्कृति और मीडिया लेखक : जगदीखा चतुर्वेदी अनामिका पब्लिशर्स एण्ड डिस्ट्रीब्यूटर्स लिमिटेड, नई दिल्ली।

पत्रकारिता का साहित्यिक एवं सांस्कृतिक महत्त्व

जीवनचर्या की शुरुआत पत्रकारिता के बिना अर्थहीन

पत्रकारिता को हम सामाजिक परिवर्तन का एक बड़ा हथियार भले ही मानें, किन्तु यह मान्यता, तब तक एक दिवा स्वप्न ही बनी रहेगी जब तक पत्रकारिता साहित्यिक एवं सांस्कृतिक ताने-बाने के तन्तुओं से गुम्फित नहीं हो जाती। पत्रकारिता की सेवाएँ, मानव जीवन की अनिवार्यता से जुड़ी ऐसी सेवाएँ बन चली हैं जिनके बिना जीवन की शुरूआत, अर्थहीन प्रतीत होता है।

क्रिकेट ने जिस भाँति दर्शकों के मन में राष्ट्र भाव और राष्ट्र सेवा का एक छद्‌म सत्य पैदा किया है, जो वास्तव में भ्रम के अतिरिक्त कुछ भी नहीं है, उसी प्रकार पत्रकारित के प्रति मोह, हमारे जीवन की चर्या में व्याप्त है और उसी चर्या में हम आत्ममुग्ध हैं और इसीलिए समाज में कोई परिवर्तन दिखता नहीं है और न ही प्रतिदिन की विश्व मंच पर घट रही घटनाओं से हम कहीं आहत होते हैं।

हमारे जीवन का सम्पूर्ण ताना-बाना, सामाजिक आचार-विचार का दुराचार बनता जा रहा है। सामाजिक उत्थान के नाम पर घोषणा, कार्यान्वयन के नाम पर शंख फूँकने और उत्सव मनाने भर की परिपाटी के स्थान पर, आत्म निरीक्षण करने और उससे आत्मशुद्धि करने के सद्‌प्रयत्न, हमारी किसी भी चर्या के हिस्से बन नहीं पा रहे हैं। इसलिए हम विश्वग्राम के बाँसी हो जाने के बाद भी, आतंक के साये में जीने को विवश हैं और आतंक को धर्म-सेवा से जोड़ कर हम आतंकी सन्त-सिपाही बन बैठे हैं। जीवन को सन्मार्ग पर न ले चलने की मृत संवेदनाओं के कारण कितने युद्धों से हम रू-ब-रू होंगे, कितने अनमोल जीवन, मौत के भँवर में समा पायेंगे, इसकी कल्पनाभर करने से मन भले ही क्रन्दन आतुर दिखें। पर आँसुओं को पोंछने की संवेदना कहाँ से मिले? इस यक्ष प्रश्न का उत्तर खोजना शेष है।

पत्रकारिता को साहित्यिक एवं सांस्कृतिक संस्कार मिले इसी प्रबल आकांक्षा में इस यक्ष प्रश्न का उत्तर निहित है। पत्रकारिता को सम्मोहन का कारक हम मानते हैं, पर इस सम्मोहन के आधार बिन्दु अन्ततः वे मूल्य हों, जिनसे साहित्य एवं संस्कृति मे ओत-प्रोत पत्रकारिता सदैव बनी रहे।

होगा बड़ा वरदान
पत्रकारिता के सफर में
साहित्य और संस्कृति का
मुक्त कण्ठ से गाया हुआ गान।

विश्व के लिए और राष्ट्र के लिए हर जन-मन में साहित्यिक एवं सांस्कृतिक संवेदनाओं का राग, जो किसी कोकिल की कूक से भी मनोहर हो सकता है, स्वस्थ पत्रकारिता का आधार बन सकता है। इस संवेदना का ताप जब सहज सुलभ होगा, तो जीवन के समस्त दुःख एवं क्षोभ स्वतः ताप की इस आँच से भस्म हो जायेंगे।

साहित्य एवं संस्कृति की अमृत तुल्य मान्यताओं से, पत्रकारिता में धर्म, दर्शन, राजनीति, आचार एवं सामाजिक व्यवहार की मर्यादा बनी रह सकती अन्यथा दंशपरक एवं पीत पत्रकारिता के प्रभाव से बच नहीं सकते और शायद आज पत्रकारिता इसी नाम को अंगीकार कर चुकी है। ऐसी स्थिति में, पत्रकारिता को साहित्यिक एवं सांस्कृतिक महत्त्व कैसे सुलभ हो सकता है और पत्रकारिता से प्रेरित जन-मन फिर कैसे जीवन संग्राम में जूझने की सद्प्रेरणा ग्रहण कर सकता है। सूचना का मकड़जाल, मृगतृष्णा का सम्मोहन प्रतीत न हो, अपितु पत्रकारिता की सूचना ऐसी प्रेरणा बन कर हमारे जीवन में उतरे, जिससे निराशा एवं कुण्ठा के घोर अन्धकार से हम निकल सकें, तभी पत्रकारिता के सूचनापरक सन्देश, अनुकरणीय भी बन सकेंगे।

पत्रकारिता के वास्तविक धर्म का अग्रिम चरण अन्ततः सत्य ही है, जो ऐसा तप भी है, जिसे साधना के अभाव में पाना दुर्लभ ही होगा। तप, सुखप्रद भी माना गया है, जिससे अन्ततः हमारे कर्म क्षेत्र के दुःख और दोष मिटते है। तभी तुलसी रामचरितमानस में साहित्यिक संवेदनाओं के विचार से मानते हैं कि–

"तप सुखप्रद, दुःख दोष नसावा।"

पत्रकारों के लिए भी पत्रकारिता के धरातल पर यह ऋषि वाक्य एक बड़ा गुरु मन्त्र हो सकता है और अपने तप बल से पत्रकार सूचनापरक तथ्यों के आधार पर अपने पाठकों, श्रोता-दर्शकों तक ऐसी उपयोगी व सार्थक जानकारियाँ पहुँचा सकते

हैं, जो अन्ततः समाज हित में हितकर सिद्ध होंगी। तभी पत्रकारिता एक ऐसा अग्नि पुंज भी बन सकेगी जिससे समस्त कुरीतियों, अनाचारों का झाड़-झंखाड़ भस्म हो सकता है। पर ध्यान रखना पड़ेगा कि यदि अग्नि से भिड़ने वाली इस सशक्त विद्या को हम अग्नि में झोंक देंगे तो उससे अग्नि बुझ नहीं सकेगी क्योंकि इस विधा से अग्नि बुझाने का उत्प्रेरक धर्म ही निभ सकता है।

अतः इस गूढ़ रहस्य को समझते हुए हम स्वीकार करें कि मनुष्य का मन भौतिक उपलब्धियों से तृप्त नहीं होता उसे नैतिक मूल्यों की तृप्ति भी चाहिए, जो तृप्ति साहित्य और सांस्कृतिक मान्यताएं ही दे सकती हैं। देश की यशस्वी रचनाकार महादेवी वर्मा ने तभी माना था कि हमारा देश निराशा के गहन अन्धकार में साधक साहित्यकारों से आलोकदान पाता रहा है। जब तलवारों का पानी उतर गया, शंखों का घोष विलीन हो गया, तब भी तुलसी के कमण्डल का पानी नहीं सूखा और सूर के एक तारे का स्वर मौन नहीं हुआ। पददलित होते मानव मूल्यों के कारण ही यह दुष्परिणाम हम भोगने को विवश हैं। हमारे समाचार-पत्र एक ओर नेताओं के पारस्परिक सत्ता संघर्ष, तो दूसरी ओर बलात्कार करना, गिरोह बनाकर एक जाति का दूसरी जाति पर जुल्म ढाना, माँ-बहनों की अस्मत लूट कर उन्हें आग में जिन्दा भून देना, प्रतिदिन करोड़ों की सम्पत्ति नष्ट कर देना, बस-ट्रेन रोक कर यात्रियों को लूट लेना और कत्ल कर देना, कोई अन्त नहीं इन वीभत्स दृश्यों का। व्यापारी वर्ग चोर-बाजारी जमाखोरी, मुनाफाखोरी करता है।''[1] ऐसे ही समाचारों और विचारों की संवाहक है, आज की पत्रकारिता, जो साहित्यिक एवं सांस्कृतिक मान्यताओं से नितान्त शून्य हो चली है और जिसे एक सार्थक दृष्टि साहित्य व संस्कृति के विचार ही दे सकते हैं।

सन्दर्भ

1. ''मानवता पर मँडराते खतरे और साहित्य'' लेख विष्णु प्रभाकर, पृ. 3

पत्रकारिता को दिशा : आध्यात्मिक पत्रकारिता से

पीड़ित मानवता का उत्थान का गुरु मन्त्र है आध्यात्मिक पत्रकारिता

समाचार और विचार को सम्प्रेषित करते रहने के दायित्व से जुड़ी पत्रकारिता का कर्म ही अध्यात्म पर आधृत होता है और अन्ततः इसी दायित्व से, सत्यम, शिवम व सुन्दरम् के उदात्त मान्यताओं को पोषण मिलता है। इसी आस्था से आध्यात्मिक पत्रकारिता, आज जीवन्त चर्चा का विषय बन पायी है। आध्यात्मिक पत्रकारिता इसलिए भी जरूरी है क्योंकि भौतिकवाद के मायाजाल में मनुष्य फँसता ही जा रहा है और शान्ति के जीवनदायी सूत्र मनुष्य से छूटने लगे हैं। जीवन निर्वाह के भौतिक साधनों के रहते भी अशान्ति मनुष्य के लिए एक जी का जंजाल बनी हुई है। मनुष्य बेसुध सा हुआ कुछ पाने की खोज में अनवरत लगा हुआ है, वह जो कुछ पाना चाहता है वह शान्ति की एक मात्र तलाश है। जीवन जीने का एक बड़ा गुरु मन्त्र है, शान्ति, जो कहीं बाहर नहीं मिलती, वह अगर मिल सकती है तो मात्र आध्यात्मिक पथ पर चल कर ही मिल सकती है। आध्यात्मिक पथ पर सँभल कर चलने का मूल मन्त्र ही आध्यात्मिक पत्रकारिता की ही मूल पहचान है। जीवन व्यवहार में आज आध्यात्मिक पत्रकारिता बहुत बड़ा सम्बल बन गयी है। आध्यात्मिक पत्रकारिता हमें हृदय के महत्त्व को समझने में सहयोग करती है। हृदय हमें संवेदनशील बनाता है और बनता है मानवीय सोच से सम्पन्न। मनुष्य आज बुद्धि का दासत्व स्वीकारे हुए है। बुद्धि पाना एक बहुत बड़ा बल है। माना कि बुद्धिबल द्वारा भौतिक साधन जुटाये जा सकते हैं, किन्तु हृदय की पहुँच से बुद्धि बल, हमें बहुत दूर कर देता है। "हृदय की व्यापकता, विशालता के अभाव में सफलताओं के बड़े-बड़े महल उसी तरह डरावने और अटपटे लगते हैं जैसे सुनसान अँधेरे भवन और किले। हृदय की जीवन शक्ति के अभाव में मनुष्य की

समस्त समृद्धि, विद्वता, बड़प्पन उच्च पद के भयावने भूत उसे ही खाने लगते हैं।''[1] बचने का एक मात्र उपाय है आध्यात्मिक जीवन।

आध्यात्मिक जीवन कैसे जीया जा सकता है इसकी सीख देने का धर्म, आध्यात्मिक पत्रकारिता ही निभा सकती है। अध्यात्म के बल पर ही शायद राष्ट्रपिता ''महात्मा गाँधी ने उच्च शिक्षा का अभियान छोड़ा, जनता-जनार्दन के समकक्ष उतरे, वैसा ही पहना, वैसा ही खाया। अपने जीवन को अपनी विद्वता को निजी समृद्धि का आधार न बना कर पीड़ित मानवता के कल्याण, उन्नति प्रगति का आधार बनाया।

इसी तरह स्वामी रामकृष्ण विवेकानन्द, दयानन्द, रामतीर्थ, लोकमान्य तिलक, मालवीय जी आदि ने अपनी समृद्धि, विद्वता, पाण्डित्य, उच्च पद आदि से नीचे उतर मानवता के हृदय से अपना हृदय जोड़ा।''[2] यह तभी सम्भव हुआ जब आध्यात्मिक जीवन का अर्थ, इन महान आत्माओं ने जाना।

भारतीय धार्मिक परम्परा मानव मात्र के लिए सामन्यतः दो प्रकार के प्रशंसनीय आकांक्षाओं का उपदेश करती है। इनमें से एक को कहते हैं अभ्युदय अर्थात्, भौतिक समृद्धि एवं कल्याण और दूसरा है निःश्रेयस अर्थात् आध्यात्मिक उपलब्धि।''[3] इस उपलब्धि के लिए प्रथम मैत्री, द्वितीय करुणा, तृतीय प्रभुदिता और चौथा कृतज्ञता का भाव बोध यदि पत्रकारिता का हिस्सा हो जाये तो शायद आध्यात्मिक पत्रकारिता को अलग से परिभाषित करने की आवश्यकता ही न पड़े। सद्विचार हमें जहाँ से भी सुलभ हो सकें उसके प्रति पत्रकार समाज को अपने सोच-विचार की खिड़कियाँ हमेशा खुली रखनी ही चाहिए तभी मैत्री, करुणा, प्रभुदिता और कृतज्ञता के पूज्य गुणों को आत्मसात् करके घृणा, वैर, क्रूरता, हिंसा आदि दुर्गुणों से हमारी विसंगति रह सकती है और हम अपनी सोच और वैचारिक बल से एक अच्छे समाज का निर्माण कर सकते हैं।

आध्यात्मिक चिन्तन ही आज मीडिया यानी पत्रकारिता को विवेकपूर्ण दृष्टि दे सकती है। हमारा समाज आज भौतिक चकाचौंध के आगे पराजित है और लक्ष्य का हमें दूर-दूर तक कोई बोध नहीं रहा। ''हम सब हारे हुए, पराजित रास्तों पर चलते हैं और समाप्त हो जाते हैं। हम ऐसे चलते हैं जैसे आज ही मर गये हैं। हमारे चलने में कोई गति और प्राण नहीं है, हमारे उठने-बैठने में कोई प्राण नहीं है। हम सब सुस्त हैं और उदास हैं, टूटे हुए हैं और हारे हुए हैं। यह गलत है। जीवन कितना ही छोटा हों, मौत कितनी ही निश्चित हो; जिसमें थोड़ी समझ है,

वह उदास नहीं होगा।"[4] जो उदास नहीं होगा उसकी सोच ही सकारात्मक हो सकती है यही सकारात्मक सोच आज मीडिया को अपनानी होगी तभी समाज में व्याप्त अन्धकार को प्रकाश की एक किरण से मिटाया जा सकता है। मीडिया में हमें पढ़ने को, देखने को और सुनने को जो कुछ मिल रहा है वह एक सूचना का ही हिस्सा है। सूचना से हमें सकारात्मक बोध मिलना चाहिए न कि नकारात्मक। पर हम खोज भी रहे हैं नकारात्मक। इसीलिए सत्य में भी एक भ्रम का आवरण हम ही लपेट रहे हैं, शिव में भी अकल्याण का आवरण हमने ही लपेट देनें की चेष्टा की है फिर सुन्दरता हम कहाँ से ला पायेंगे। सत्यम्, शिवम् और सुन्दरम् के उदात्त भाव को हम पकड़ने के विकल्प छोड़ते ही जा रहे हैं। हर घटना हमें जो भी सूचना देती है। उस सूचना को उपयोगी, अर्थप्रद, शिक्षापूर्ण बनाने में हमारा उद्योग क्योंकर व्यर्थ हो जाता है। घटना को सनसनीखेज़ मुद्रा की शक्ल दे कर हम फैला देते हैं और सत्य पर पर्दा डालते रहने की हमारी यह कसरत ही, एक पापपूर्ण कृत्य है, जिससे बचा जा सकता है पर पत्रकारिता ऐसी शिक्षा स्वयं आत्मसात् कर ही नहीं पाती। यही मीडिया जगत की सबसे बड़ी विडम्बना है।

मीडिया का धर्म सूचना देना है और सूचना जब तक मनुष्य बनने की सीख न दे पाये, मीडिया का धर्म महाभारत के उस युद्ध की परिणति जैसा हो जायेगा जहाँ कुछ भी शेष बच नहीं पाया था। मनुष्य का मनुष्यत्व ही बचा रहना वास्तविक अध्यात्म है। और मीडिया को इसी मनुष्यत्व को बचाने के लिए जिस विवेक की आवश्यकता है शायद वह विवेक आध्यात्मिक पत्रकारिता के सुखद अवदान पर ही सम्भव हो सकता है।

मीडिया को तकनीक ने जो चेहरा दिया है, वह बहुत आकर्षक एवं लुभावना हो सकता है। पर यह चेहरा, जब भाव और विचार की दूरबीन से हम देखेंगे तो इसमें वह सुन्दरता नहीं बची होगी जिसका भ्रम हमने पाल रखा है। भाव और विचार से शून्य मीडिया तकनीक के स्तर पर कितनी ही ऊँचाइयाँ छू ले पर जब तक तकनीक और विचारोन्मुख भावना का उसमें सन्तुलन नहीं होगा मीडिया के बड़े-बड़े संस्थान उस शव जैसे दिखने लगेंगे जिससे आत्मा का प्रकाश शेष नहीं रहता।

आध्यात्मिक पत्रकारिता हमें उस समझ को विकसित करने में सहयोगी हो सकती है जिससे हमें प्रतिफल यह बोध हो सकता है कि—

मानव ने पायी
देशकाल पर

अवश्य विजय
पर मानव के पास नहीं है
आज मानव का हृदय

इस हृदय की तलाश से हमें पश्चिम की संस्कृति और पूर्व की संस्कृति को खुली आँख से देखने का विवेक सुलभ होता है। पश्चिम ने हमारा साक्षात्कार विज्ञान से करवाया है। पूर्व ने हमारा साक्षात्कार अध्यात्म से कराया है। पर इस साक्षात्कार के द्वार पर जा कर भी हम भटक गये हैं। पश्चिम ने विज्ञान की अति उपलब्धियों को ही भ्रमवश सत्य मान लिया है और पूर्व ने धर्म की उपलब्धियों को ही अर्जित करने में दूसरी तरह का भ्रम पाल लिया। परिणामस्वरूप जिसके पास विज्ञान के सहारे समृद्धि आयी, वह अशान्त हो गया और जो शान्ति की तलाश में लगा रहा उसने सुख-सुविधा देने वाली समृद्धि से अपने को वंचित कर दिया। अतिवाद पर केन्द्रित इस सोच को सन्तुलित करने की आवश्यकता है। हम विज्ञान को भी अपनाएँ, पर आध्यात्मिक चिन्तन के साथ और अध्यात्म को भी अपनाएँ तो वैज्ञानिक सोच के साथ तभी समृद्धि और शान्ति हमें एक साथ मिल सकती है। विज्ञान तकनीक की सुविधा देता है और अध्यात्म भाव और विचार पूर्ण शान्ति प्रदान करता है। मीडिया के सम्पूर्ण संजाल में या विस्तार के बीच इसलिए आध्यात्मिक पत्रकारिता की राह पर चलना हमारे लिए आवश्यक है। अतः मीडिया प्रबन्धन के विवेकयुक्त विचार व भाव ही इस सन्तुलन की राह को प्रशस्त कर सकते हैं।

आध्यात्मिक पत्रकारिता वास्तव में सम्पूर्ण मानव की रचना करने में समर्थ है। कला, साहित्य, संस्कृति व विज्ञान की नयी तकनीकों को अपना कर, उनका सद् उपयोग करके उस मंतव्य को सिद्ध करा सकती है, जिसकी आज जरूरत है। चुनौती यह भी है जिससे आदर्श और व्यावहारिकता का सही समन्वय भी बना रह सके। लोकमत का निर्माण भी तभी सम्भव हो सकता है। जिस तरह पत्रकारिता संश्लिष्ट हुई है उस परिप्रेक्ष्य में राजनीतिक, सामाजिक और आर्थिक सम्पुट लगाना अपेक्षित है। आध्यात्मिक पत्रकारिता अब कोई अदृश्य शक्ति नहीं रही, अब तो इससे व्यक्ति की सोच, विचार और आचरण को दिशा मिल रही है।

पुलिस प्रशासन के समक्ष समाज को नियन्त्रित करने की जो जिम्मेदारी रही है वह भी आध्यात्मिक पत्रकारिता के संस्कारों पर आश्रित सी जान पड़ती है। पुलिस प्रशासन द्वारा वर्तमान में कानून का ठीक से पालन न करना या मनमाने ढंग से उसकी व्याख्या करने का जो चलन बढ़ा है या पुलिस की कार्यशैली जैसी

बन गयी है, जो पुलिस चाहती है वैसा ही होगा, इस दम्भ पर टिकी पुलिस की कार्य-पद्धति, कानून के समस्त प्रमाणों के साथ भी खिलवाड़ करती प्रतीत होती है। कानून को प्रमाणों की आवश्यकता होती है और प्रमाण प्रस्तुत करना या न करना पुलिस की नीयत पर केन्द्रित होता है। अतः पाप न हो, इसके प्रति डर और अच्छे कामों को बढ़ावा मिले, इस दृष्टि से वांछित संस्कार, समाज में आध्यात्मिक पत्रकारिता द्वारा ही सम्भव है। अतः "धार्मिक और आध्यात्मिक वातावरण से सोचने-समझने की दृष्टि से हर व्यक्ति में बदलाव आ सकता है। हमारे धार्मिक ग्रन्थों में इस सन्दर्भ में अनेक बातें लिखी गयी हैं। जिन पर चिन्तन-मनन करने से जीवन सुखपूर्ण बन सकता है। यह चिन्तन-मनन सम्भव हो सके, इस दिशा में आध्यात्मिक पत्रकारिता अहम भूमिका निभा सकती है।"[5]

आध्यात्मिक पत्रकारिता और राजनीतिक उद्देश्यों के चलते, दोनों के मध्य एक विभाजक रेखा खींचना आवश्यक है। राजनीति आदर्श, सत्ता केन्द्रित रहते हैं अतः राजनीतिक सीख, यदा-कदा ही सही आदर्शों पर केन्द्रित रहती है। राजनीति का लक्ष्य सत्ता हासिल करना होता है और ऐसी सत्ता से अन्ततः दम्भ व भ्रम ही प्राप्य होता है। राजनीति में पासे फेंके जाते हैं और अन्ततः यह एक जुआरी जैसा कर्म बन कर रह जाता है। फिर राजनीति का यह दम्भ और भ्रम ऐसा है, जहाँ हर प्रयत्न, सब कुछ हथिया लेने पर ही लालायित रहता है। इससे कामना को ही बल मिलता है और कामना की प्रतिपूर्ति कभी भी सम्भव नहीं होती। इतिहास साक्षी है कि बड़े-बड़े पृथ्वी के शासक कालबली के हाथों मारे गये हैं और निष्कर्ष यह निकलता है कि इस भोग भूमि के धरातल पर समस्त सम्पदा, समस्त तन-धन नश्वर है, कुछ भी स्थायी नहीं है और इसी सत्य को उजागर करते रहने का दायित्व, आध्यात्मिक पत्रकारिता की महनीय भूमिका कहलाती है।

आध्यात्मिक पत्रकारिता का उद्देश्य मानव समाज को गुणवान बनाना होता है ताकि वह श्रेष्ठ व्यक्ति बन, बुराई से दूर रहे और अच्छाई का दामन सदैव थामे रखे। अध्यात्म का यह महत् भाव ही आध्यात्मिक पत्रकारिता की आत्मा है इसी से समाज में ऊँच-नीच, अपना-पराया, यह मेरा-यह तेरा, यह गोरा-यह काला, यह अमीर-यह गरीब, यह बड़ा-यह छोटा का विभेद पराजित हो पाता है। और मनुष्य, एक समतामय समाज का हिस्सा बन जाता है। समाज में सद्भाव और आपसी-प्रेम का वातावरण बनना प्रारम्भ होता है जो आज के समय की महती आवश्यकता है।

आध्यात्मिक पत्रकारिता के मत-मतान्तर से भी कोई रिश्ता नहीं है, रिश्ता यदि जुड़ता है तो मात्र इतना भर ही कि मतों के अनुयायी श्रेष्ठ मनुष्य बनने के

सही उद्यम से ही संलग्न रहें और अन्ततः अच्छाई उनके भीतर खून के साथ आत्मसात् हो जायें। यह कथन कदापि असत्य नहीं है कि ''मजहब नहीं सिखाता आपस में बैर रखना'' जो मत-मतान्तर भक्ति पथ पर वैर-द्वेष की सीख देते हैं, वे भद्दी राजनीति के अखाड़े बन कर रह जाते हैं और सही व जीवनदायी धर्म से उनका कोई सम्बन्ध नहीं होता है। जैसे अग्नि का धर्म ताप है, जल का धर्म शीतलता है वैसे ही प्राणी मात्र का धर्म वैर-द्वेष से हट कर प्रेम-प्यार के प्रगाढ़ सूत्र से जुड़ना होता है।

आध्यात्मिक पत्रकारिता इस स्नेह सिक्त मूल्यों की ही संवाहक है और ऐसी सूचनाओं से लबालब आपूर्ति आध्यात्मिक पत्रकारिता का उदात्त लक्ष्य अन्ततः मीडिया प्रबन्धन का हिस्सा होना चाहिए तभी मीडिया संस्थान मानव हितों के सही पोषक बन सकते हैं।

प्रसार संख्या बढ़ाने, आर्थिक समृद्धि को द्विगुणित करने के प्रयत्नों में संलग्न रहना मीडिया का एक दूसरा धर्म है, पर गलाकाट स्पर्द्धा से दूर रहना, इस संस्थानों के आध्यात्मिक पत्रकारिता की एक बड़ी सीख है जिस पर मीडिया को बहुत ध्यान देने की आवश्यकता है। आध्यात्मिक पत्रकारिता का गुरु-गौरव एक श्रेष्ठ गुरु का गुण धर्म होता है जो समाज को सही ढंग से नियन्त्रित करने के लिए व्यक्ति के बाहर और भीतर उसी तरह चोट करता है, जिस तरह कुम्हार एक घड़े को बनाने में अपनी कर्मपरक भूमिका को निभाता है।

दंश पत्रकारिता का कर्म सत्य का पोषक तभी बन सकता है जब यह कर्म मान्यताओं पर आधारित होता है जब मीडिया मान्यताओं से हट कर, श्रेष्ठ कर्म-धर्म की सारी सीमाओं का अतिक्रमण करता है तभी पीत पत्रकारिता, दंश पत्रकारिता और अहम आपूर्ति पत्रकारिता के दुर्गुणों को मीडिया संस्थानों में अधिमान मिलने लगता है और समस्त मानवीय मूल्य फिर ताक पर रख दिये जाते हैं।

आध्यात्मिक पत्रकारिता इस भौतिक संसार में मुक्ति का मार्ग प्रशस्त करती है और मनुष्य को सही मनुष्य होने का ऐसा विवेक देती है कि हम उस अज्ञात सत्ता को न भूलें जो पाप से दूर रहने का पुण्य कमाने के शुद्ध कर्मों की पक्षधर है और आध्यात्मिक पत्रकारिता ही हमें इस सत्य से अवगत कराती है कि एक छोटा सा बसेरा जब हम अपने लिए बनाते हैं, और फिर ठोस दावा भी कर देते हैं कि बसेरे के हम ही मालिक हैं तो क्या हमें यह बोध नहीं रहता कि इस संसार का भी कोई मालिक है। जिस संसार में हम रह रहे होते हैं, वहीं मालिक वह शक्ति सत्ता

है, जो जीवन पथ पर हमें नियन्त्रिन करती है और आध्यात्मिक पत्रकारिता उसी नियन्त्रक के नियन्त्रण से हमारा पथ प्रशस्त कर सकती है। हम उस लक्ष्य पथ के राही बनते हैं जहाँ हमारा उद्देश्य उस अज्ञात सत्ता की खोज बनता है जिसे हमने परमात्मा नाम दिया है।

सन्दर्भ

1. आन्तरिक अशान्ति की समस्या एवं समाधान, पृ. 4-5, लेखक पं. श्री राम शर्मा आचार्य।
2. इच्छा-शक्ति और उसका विकास स्वामी बुधानन्द, पृ. 7
3. हिन्दी पत्रकारिता एवं जन संचार लेखक : ठाकुरदत्त शर्मा 'आलोक', प्रकाशक : वाणी प्रकाशन, नई दिल्ली, पाठ : आध्यात्मिक पत्रकारिता, पृ. 146
4. ध्यान सूत्र—भगवान श्री रजनीश, रजनीश फाउण्डेशन, पृ. 145 सम्पादन, माँ अमृत साधना।

□□